中国式好父亲

林高龙 著

当代世界出版社

图书在版编目（CIP）数据

中国式好父亲 / 林高龙著． -- 北京 ： 当代世界出版社， 2024.6
ISBN 978-7-5090-1686-2

Ⅰ．①中… Ⅱ．①林… Ⅲ．①家庭教育 Ⅳ．① G78

中国国家版本馆 CIP 数据核字（2024）第 102133 号

书　　名：	中国式好父亲
作　　者：	林高龙
出 品 人：	李双伍
监　　制：	吕　辉
统　　筹：	孙　真
责任编辑：	李玢穗
出版发行：	当代世界出版社有限公司
地　　址：	北京市东城区地安门东大街 70-9 号
邮　　编：	100009
邮　　箱：	ddsjchubanshe@163.com
编务电话：	（010）83908377
发行电话：	（010）83908410 转 806
传　　真：	（010）83908410 转 812
经　　销：	新华书店
印　　刷：	艺通印刷（天津）有限公司
开　　本：	880 毫米 ×1230 毫米　　1/32
印　　张：	8.75
字　　数：	166 千字
版　　次：	2024 年 6 月第 1 版
印　　次：	2024 年 6 月第 1 次
书　　号：	ISBN 978-7-5090-1686-2
定　　价：	58.00 元

法律顾问：北京市东卫律师事务所　钱汪龙律师团队（010）65542827
版权所有，翻印必究；未经许可，不得转载。

鲁迅之问的现在的回答
——读林高龙的《中国式好父亲》

胡振民

林高龙的《中国式好父亲》是一部以事系人、以例说理、浅貌深衷、雅俗共赏的教育学原理相关的作品——更具体一点说,是现代教育心理学中"父教"这一分支下、面向"父亲们"的作品。本书选取了梁启超、宋嘉树、曾国藩、苏洵、司马光、颜之推、曹操、蔡邕、司马谈、孔子等从古代到近代的10位历史名人,系以其教子或教女的若干事迹,征引史实,娓娓道来,既讲故事,又时见烛幽发微,颇有新意地演绎父教之道。本书特意为10位父亲配上插图,更显其通俗传远、面向大众的特色。现在我就本书,谈一点读后的感想,以为本书的序引。

第一,我首先要向作者表达诚挚的祝贺,也说一点自己读后确有所得的感想和体会。我把全书一字不漏地细读了一遍,划了不少重点,略记了不少心得。真的得到不少启沃。算来我也是两个孩子的老父亲了,对于教子之道,不能说完全隔膜，但读了此书，仍然有老来方获新教之感。一是借此书重温了许多好父亲的名言嘉行，有些是过去有所闻见而不知其详，有些则是竟未尝闻见而觉新鲜、有意思。虽然因存了写序的责任感，一开始是认真严肃地翻读的，但读着读着却轻松起来，快活起来，竟有点回到少年时看小人书看得入迷的那种状态。也就是说，这本教育学（似乎是高深的专家之论）的普及读物写得很好看，很成功。这种面向群众的、普及正确父教的文章其实是很难写的。我感觉作者的心和读者是相通的，他讲述的态度是亲切的、自然的，有时还能把他自己也摆进去，将心比心地与读者交流为父之道。他讲的大多是历史故事，引经据典却能绘声绘色，不仅入人心，且能通大道。把父教传统中满满的正能量讲得这样生动活泼，殊非易事，但他做到了，我想这是因为他能引古例今，有现实的针对性，讲的都是"现在我们怎样做父亲"。

第二，我想举例说明一下这本胜义纷呈的书中颇具发覆觅真意味的殊胜之处。这是衡量一本征引史料的普及性图书是否有创新性的标准之一。书中共10章，每章都有让我觉得新鲜的原创成分，我仅举书里最短的"苏洵"一章来谈谈吧。

本章先从大家都熟知的"苏老泉，二十七，始发愤，读书籍"的童蒙故事说起，但并不止于讲述"少壮不努力，老大徒伤悲"的道理，而是推原论始，追本穷源。先引苏洵父亲苏序宽纵他喜奇迹，好作山川游；再引他二哥苏涣循其喜游的天性，嘱他借游山川之机，去寻访苏氏一门父祖相承的血脉胤序。逆而推之，"按诸谱牒，编次成帙，以贻后昆"。苏洵接受了兄长这一嘱托，开始了一段类似大史学家司马迁青年时代壮游天下的生活经历。这一经历必然要涉猎故籍、寻访故老，自然就会与读书渐渐结缘，为他更成熟时进入读书的自觉阶段、走向人生中具有决定意义的转捩点作了奠基。所以当他首应乡试却名落孙山后，他才悟到他纵游阶段的读书，是杂学旁收，漫无统系，忽略了经典的研读，于是喟然叹道，"吾今之学，乃犹未之学也已"。当即取出《论语》《孟子》、韩愈的文章，立志穷究《诗》《书》经传、诸子百家之书，贯通儒学根本之道，这才是欧阳修在写苏洵墓志铭时所说的"年二十七，始大发愤"这个历史故事的真正底蕴。可见，苏洵所谓"始发愤"，是指专攻经典、穷思悟道的真读书，是训练自己成为用于"国之大者"的读书。这个著名的"二十七，始发愤""彼既老，犹悔迟"的读书故事的底蕴，也由此得到新鲜且更具有启示意义的阐发。

此章精义的发掘，还不止于此。循苏洵发愤悔迟的故事发掘下去，带出了苏洵的父亲苏序的教子故事。苏序虽未读书求取功名，但他"喜为善而不好读书"，热心族务。博爱于人而轻财重义的父亲，在苏洵的成长过程中起着关键性的作用，所以苏洵说"知我者，惟吾父与欧阳公也"。看来苏序之父教的精义，就在一个"知"字。知子之性，率性而导之，知子之志在用世，便以身教影响之。这是一个知世道人心、有仁心善意的好父亲。

这个有关蒙教、父教的历史故事，既上溯至苏洵之父苏序，又下传至苏轼、苏辙等二子。作者拈出一篇不太为世人所知的苏洵教子的文章《名二子说》，以及也不太为世人所知的独具只眼的明代大文学家杨慎的评论："字数不多，而婉转折旋，有无限思意，此文字之妙。观此，老泉之所以逆料二子终身，不差毫厘，可谓深知二子矣。"杨慎此评，紧扣苏氏家传父教中的一个"知"字，知子而施教，知子而听天性。名子曰轼，是因为轼之于车，不像"轮辐盖轸"皆有车的某种职能，而只是作为车的外饰物而存在；但这外饰物可以供人凭靠，人凭轼时可以高瞻远瞩，知道路之崎岖曲折，知前方之通塞顺逆，这就预知了苏轼蹭蹬而旷达的一生。苏轼一生虽失意于仕途，但终得意于文途。"他的散文如行云流水，诗词如天籁之音，书法与绘画更是独具一格，成为中国文化史上的一位全能巨匠"（本书对苏轼成就深入浅出的概括真是"简而要，切而当"，可作为本书语言简洁而有概括力之一例，应予褒赞）。"若非凭轼远望，行于所当行，止于所当止"，能臻此高妙之境否？苏轼之弟苏辙的命名，也准此而见知于其父。

更深入一层的发掘，是关于苏洵针对已成为文坛巨子的两个儿子实施的知之以教之、知之共践行之的父教之道的生动叙说。原来，苏轼、苏辙兄弟少年时也颇有父、祖之风，一度耽于纵情游乐。苏洵既知子之天性，复又知施教之智，于是藏书以引起其好奇之心；又因独学枯思无益，父子三人常常一起"谈古论今"，辨析史事，共论因果，沉浸在"纵目视天下，爱此宇宙宽"的读书格物乐趣之中。父子即同学，此中读书之乐，不难知会。苏轼在《夜梦》诗中，写他常回到童稚时，父亲检责功课，"起坐有如挂钓鱼"的"怛然悸悟"的状态；苏辙则坦承，"我性本疏懒，父母强教之"。这让广为流传的"黑发不知勤学早，白首方悔读书迟"的苏氏三代人的教育故事，像庐山三叠泉瀑布那样，曲折三叠而下，异常生动鲜活、引人入胜。这正是此书的殊胜风景，能不令读者兴味盎然、流连再三？

第三，本书从"司马光"一章开始，到"颜之推"一章而眉目清晰，直到"蔡邕""孔子"两章，通过对《家范》《颜氏家训》《女诫》、孔门庭训故事的正面介绍，理论色彩逐渐浓厚。但本书对父教的阐述，并不是空洞的宣示，而是整合上述各具特色的家教、父训著作的结构方法，以经典为纲领，以历史故事为镜鉴，以育治国之良才为旨归，将修身、齐家、治国、平天下贯通一气，把中国式家教、父教的精华与特色、智慧与方法，有条不紊、丰富多彩地演绎出来，使书中一些理论性较强的篇章中，随处可见智慧的灵光、大道的低回，同时与全书的俗而能雅、近而能远、生动传神、诲人不倦的风格达到基本上的一致。这也是难能可贵的。

感想写到这里,我不禁想起鲁迅先生在1919年10月写的一篇文章《我们现在怎样做父亲》。他提出这个问题,其实是想研究怎样改革家庭、怎样改革父子关系问题。鲁迅极为明达地说:"祖父子孙,本来各各都只是生命的桥梁的一级,决不是固定不易的。现在的子,便是将来的父,也便是将来的祖。我知道我辈和读者,若不是现任之父,也一定是候补之父,而且也都有做祖宗的希望,所差只在一个时间。"所以他提出"我们"现在怎样做父亲,把自己和读者都摆进去,说的不仅是父亲一辈的事情,而是"我们"大家的事。反复申论、驳论、立论之后,鲁迅提出他的回答,"便是父母对于子女,应该健全的产生,尽力的教育,完全的解放","总括大意,便只是从我们起,解放了后来的人。……没有法,便只能先从觉醒的人开手,各自解放了自己的孩子,自己背着因袭的重担,肩住了黑暗的闸门,放他们到宽阔光明的地方去;此后幸福的度日,合理的做人"。鲁迅之问,是百年之前,20世纪之初的世纪之问、历史之问,但也是现实之问。我看本书作者的本意,是想从正面入手,树立一些"中国式好父亲"的范式、榜样。以中华传统文化中,家教、父教文化里最具民主理念,也最具中国智慧的部分,回答"现在"我们怎样做父亲的问题。我们现在应带着时代敏感和现实感,来读这本历史名人的教育故事,温故而知新,温故而创新,在中国式现代化的历史实践中，庶几较好地回答鲁迅之问——虽然可能无法达到完美回答的期望，但我们总在进化中，总在变革中，总在发展进步中，总在对共产主义社会制度的期盼中，总处在对家庭教育、社会制度、治国理政统一的探索和改善之中，希望是永远属于我们的！

不是吗？

是为序。

胡振民

甲辰年2024年5月9日于北京寓所

胡振民，中共中央宣传部原副部长，中央精神文明建设办公室原主任，中国关心下一代工作委员会常务副主任。

前言
PREFACE

对每个人而言,记忆如同一座宝库,里面珍藏着我们的过往岁月、家庭历程和民族文化。

每当我们回首往事时,关于母亲的记忆就会浮现在脑海中,那些温馨的画面和深情的叮咛,仿佛就发生在昨日。

我们不仅记得母亲做的美味佳肴、她口中哼唱的摇篮曲,还记得许多与母亲有关的文学描述,比如那首"慈母手中线,游子身上衣;临行密密缝,意恐迟迟归",以及那些古老的传说与故事,像孟母三迁、欧母画荻、岳母刺字……

这些中国式母亲的形象,我想在大部分人的记忆深处,都是充盈而丰富的。

然而,当我们试图在记忆中搜寻与父亲有关的描述片段时,脑海中却有些空白。思来想去,能够想起的似乎只有那个词语——"严父慈母",但这更多是对母亲温柔慈爱的反衬,而非对父亲人生角色的描绘。

如果说这就是中国式父亲的共同印记,那我觉得有失公允。在浩瀚的历史长河中，仍然出现了不少杰出父亲的身影，他们用心、用情、用行，为我们提供了关于"何为优秀父亲"的更多注释。

这些中国式好父亲，不该被遗忘，而应该成为大家学习的榜样。

正是出于这样的考量，《中国式好父亲》一书应运而生。本书以中国历史为背景，选取了梁启超、宋嘉树、曾国藩、苏洵、司马光、颜之推、曹操、蔡邕、司马谈、孔子等10位"好父亲"，将他们作为代表，以记载了他们言行的著作、传记、史料等为依据，通过生动的故事和细致的解读，展现这些杰出人物作为父亲的人生态度、教育情怀和理念方法。

这10位"中国式好父亲"，皆是不同时代的风云人物。他们在"事业"上取得了非凡成就，更难能可贵的是，他们在"家业"上亦有不俗表现。这不仅反映了这些好父亲在子女教育上的用心，更让我们感受到他们在家庭教育上的智慧。

这些好父亲们的家庭教育智慧，既具有深厚的传统文化渊源，又能与现代教育理念相契合。这对于我们今天的家长，特别是父亲来说，具有极高的借鉴价值和指导意义，值得大家细读深思。

本书内容架构清晰，每一章围绕一位好父亲展开。在不同人物的呈现上，选取了不同的侧重点，以实现主线清楚、逻辑连贯的总目标,同时以"好父亲+好方法"为基调,从"通俗易懂"着眼,力求让读者在愉快的阅读中领略到"好父亲"们的智慧与风采。

为了让大家学有所得,本书以"尊重历史、兼顾当前、贴近生活、引领家长"为创作原则,充分运用每一位好父亲的"素材",即:以教育事迹记述、教育理念解析、教育方法指导等多种方式启迪家长,并结合当下家庭教育中存在的普遍问题与常见困惑,为读者提供一些切实可行的策略、建议,以期引领当今家长,特别是父亲的成长之路。

最后,我真切地希望,中国式好父亲,不止于十,而应十而百,百而千,千而万,万而亿……

我相信,这一天终会到来。

我祝愿,这一天早日到来。

目录
CONTENTS

梁启超

九子皆为俊杰

名门家事大不同 …………… 002
人生三事不可忘……………… 002
康门窘境须思量……………… 004
梁氏教育频获赞……………… 005
教育是头等大事 …………… 008
欲强国必由教育……………… 008
实力不等于能力……………… 010
成功并不是偶然 …………… 016
要常保归零心态……………… 016
真投入才有产出……………… 019
把握关键之所在 …………… 023
当好榜样是核心……………… 023
爱的表达不可少……………… 025
合理期待亦重要……………… 027
价值准则须树立……………… 030

宋嘉树

民国第一父亲

格局将影响结局……………040
影响中国的心愿…………………041
名字背后的期许…………………042
教育也要讲定位…………………044
不做利己主义者…………………045
观念才是"起跑线"…………048
超越时代的眼光…………………049
脑袋也要富起来…………………051
教育要着眼未来…………………055
成功路上不拥挤…………………059
正确方法要确保………………064
爱国是能量之源…………………064
品德是人生之基…………………068
宽严是行为之度…………………071

曾国藩
家族领航舵手

名门望族由此始 ……………076
千封家书见真情 ……………076
治家之道铸名门 …………080
孝友为起家之基 ……………080
耕读为兴家之根 ……………085
教育为旺家之本 ……………093
节俭为保家之方 ……………097
积善为传家之宝 ……………100

苏 洵

父子千古文豪

如梦初醒始发愤……104
浪子回头金不换……105
立志向贤报亲恩……108
身为人父善教导……111
二子之名有寄寓……111
遇到难题觅良方……114
教子有道讲平衡……118

司马光
为万家立典范

有口皆碑温国公 ············ 124
俭素之风传后人 ············ 126
奢靡作风要不得 ············ 126
有德者皆由俭来 ············ 127
成由勤俭败由奢 ············ 128
习惯养成无小事 ············ 130
殚精竭虑作《家范》 ······ 131
经典为纲史为鉴 ············ 131
治家有道礼为先 ············ 132
爱不偏私有公义 ············ 134
须以德业遗子孙 ············ 135

颜之推
家训集大成者

家训由此开新篇 …………… 140
肇启家训之先河 …………… 140
序致第一祖心迹 …………… 141
教子关键须谨记 …………… 144
圣王自古有胎教 …………… 145
婴稚正是教育时 …………… 147
严爱并济方为上 …………… 151
亲子之间树威仪 …………… 154
采菁撷华品颜训 …………… 158
自上而下为风化 …………… 158
君子必慎交友焉 …………… 160
博学求之利于事 …………… 162

曹操

枭雄亦是良父

枭雄家业亦不凡	166
曹刘后人大不同	167
生子当如孙仲谋	168
教育诸子不寻常	171
少年战场炼胆识	171
才子少时露头角	172
称象神童有仁心	174
尊重差异各施才	177
顺应志趣与天性	177
了解尊重并赞赏	180
宽严有度不娇纵	184

蔡邕
造就一代才女

旷世逸才蔡中郎 …………… 190
谆谆教导见用心 …………… 193
心犹首面皆需饰 …………… 193
朋友相交须有道 …………… 194
绝代才女风华茂 …………… 197
巾帼未必让须眉 …………… 202

司马谈

发宏愿育史圣

有其父方有其子 ·················· 208
博学多才太史令 ·················· 209
包容并蓄论六家 ·················· 210
求真务实启后人 ·················· 212
史学巨擘非天成 ·················· 214
家族使命莫敢忘 ·················· 214
成才须有百年计 ·················· 216
壮游四方养浩气 ·················· 217
父命如山担大任 ·················· 220
铭记遗训著青史 ·················· 220
忍辱负重终立言 ·················· 223
司马家学为良方 ·················· 226
定位清晰循序进 ·················· 226
三足鼎立可致远 ·················· 228

孔子
国人精神导师

万世师表耀千秋 ······ 232
庭训教诲启后人 ······ 232
行有余力方学文 ······ 235
诗礼兼修映内外 ······ 236
文质彬彬为君子 ······ 237
教子良策世代传 ······ 239
孩提时代定基础 ······ 239
环境差异塑人生 ······ 241
各归其位身作则 ······ 242
因材施教宜久长 ······ 246
天赋潜质须了解 ······ 246
好之不如乐之者 ······ 248
欲速不达心宜宽 ······ 250

后记 ······ 255

梁启超

九子皆为俊杰

他是"公车上书"运动的发起人之一，也是"戊戌变法"的领袖人物。他不仅呼吁当时社会要"救亡图存"，还对教育有着非常深入的思考。他曾说："少年智则国智，少年富则国富，少年强则国强。"

他的9个子女，个个出类拔萃。长子梁思成、次子梁思永为民国时期"国立中央研究院"首届院士，五子梁思礼为中国科学院院士。他的其他子女也在社会各个领域有所建树。

名门家事大不同

人生三事不可忘

开篇我们要讲述的人物是梁启超。他在中国近代史上有着举足轻重的地位,是一位杰出的思想家、政治家、史学家和文学家。

说到梁启超,我们不得不提到另一位同样重要的人物——康有为①。康有为是梁启超的恩师和挚友,两人共同倡导了戊戌变法,试图通过改革来挽救中国的危局。他们的思想和行动相互激荡,共同塑造了中国近代史上的重要篇章。

光绪二十一年(1895)春,梁启超和康有为进京参加会试,正值清廷与日本侵略者签订丧权辱国的《马关条约》。消息传出来后,群情愤慨。

---

① 康有为(1858—1927):广东省南海县丹灶苏村(今广东省佛山市南海区丹灶镇苏村)人,人称"康南海",中国晚清时期重要的政治家、思想家、教育家,资产阶级改良主义的代表人物。

梁启超受康有为之命，"鼓动各省，并先鼓动粤中公车，上折拒和议"。农历四月初八日，康有为、梁启超发起了著名的"公车上书"运动，邀集一千余名举人联名上书清廷，要求拒和、迁都、实行变法，从而揭开了维新运动的序幕。

大家要知道，当年的梁启超和康有为还是一介书生，可是这两位"书生"为何置自己的"身家性命"于不顾，投身这样一场轰轰烈烈的变革之中？

这还得从一副很多人都耳熟能详的对联说起，那就是"风声雨声读书声声声入耳，家事国事天下事事事关心"。

这副对联的作者是明代著名学者顾宪成[1]，他曾经说过，在朝廷做官，志向并不在皇帝，在边地做官，志向不在民生，居于水边林下，志向不在世道——这不是君子的所作所为。[2]

顾宪成这样的思想，深深影响着明代后期及清代的众多读书人，所以他的这幅"风声雨声读书声声声入耳，家事国事天下事事事关心"名联广为流传，"心怀家国天下"成了当时读书人的重要价值观之一。

正是受到这样的影响，梁启超和康有为在国家危难关头，没有置身事外，而是挺身其中。也正因为如此，后人在评述中国近代的"国事、天下事"之时，他们的身影闪耀着光芒。

---

[1] 顾宪成（1550—1612）：南直隶无锡县（今江苏省无锡市）人，明代思想家，东林党领袖，因创办东林书院而被人尊称"东林先生"。
[2] 张廷玉：《明史》卷二百三十一《列传第一百一十九》，中华书局，2000。

但是，顾宪成说人生三事"家事、国事、天下事"都得关心，而且"家事"还是排序第一位。此前，我们看到了梁启超和康有为在"国事、天下事"上的成就，那么，他们在"家事"上又有怎样的表现呢？

康门窘境须思量

梁启超算是康有为的学生，虽然后来梁启超与自己的老师在政治上分道扬镳，但是梁启超对其一直敬重有加。

1927年3月31日，康有为在青岛去世，梁启超到康家帮忙料理后事，期间他给自己的孩子写了一封信，信上是这么说的：

"他家里真是乱七八糟，没有办法。最糟的是他一位女婿（三姑爷）。南海生时已经种种捣鬼，连偷带骗。南海现在负债六七万，至少有一半算是欠他的（他串同外人来盘剥）。……他那两位世兄，和思忠、思庄同庚，现在还是一点事不懂……活是两个傻大少（人当不坏，但是饭桶，将来亦怕变坏）。还有两位在家的小姐，将来不知被那三姑爷摆弄到什么结果，比起我们的周姑爷和你们弟兄姊妹，真成了两极端了。我真不解，像南海先生这样一个人，为什么全不会管教儿女，弄成这样局面。"①

---

① 梁启超：《梁启超全集》，北京出版社，1999。

在旁人看来，大名鼎鼎的康家，可以算是一代名门了。出身名门，似乎自然就有显赫的身份背景，还有更丰裕的家族资源。按常理来说，"龙生龙，凤生凤"，康家子弟既然出身名门，应该个个都能成龙成凤。

但是，用梁启超的话来说："他家里真是一塌糊涂，没有办法。……他那两位世兄……活是两个傻大少。"只言片语间，我们可以看到康家的乱象，"我真不解，像南海先生这样一个人，为什么全不会管教儿女，弄成这样局面"。这和很多人所想象的名门盛况大相径庭，令人不胜唏嘘。

梁氏教育频获赞

在这封家书中，梁启超感叹恩师家窘境的同时，对比了康家儿女与梁家儿女的现状，也不禁流露出欣慰之情。

今天看来，梁启超的欣慰，绝不是"王婆卖瓜，自卖自夸"的吹嘘，而是基于对自家子女的了解，以及在这种了解的基础上所产生的自信。

话说回来，同是一代风云人物的康有为与梁启超，在"国事、天下事"这一层面，可以说不分伯仲。但是，若论起"家事"，两人可就有了天壤之别。

康有为一生生育了12个子女，长大成人的有二子四女，长女康同薇、次女康同璧还算略有成就，其他子女就说不上成大器了。

梁启超一生育有9个子女,但是与康家不同的是,梁家子女全都成为栋梁之材。通过一件事,我们也可窥见梁家教育的优异成果。

数年前,中央纪委国家监委网站从中国数千年历史中精选了100多个优秀家族,推出了《中国传统中的家规》栏目。其中有一期名为《梁启超:一生家国梦　几代赤子心》,专门探讨梁家的家训,以及梁启超对子女的教育。

打开梁启超的子女名单,去了解他们的人生成就,相信看过的人也一定会对其印象深刻,甚至发出惊叹。

长女梁思顺(1893—1966)是诗词研究专家、中央文史馆馆长;

长子梁思成(1901—1972)是著名建筑学家、民国时期"国立中央研究院"院士、中国科学院学部委员;

次子梁思永(1904—1954)是著名考古学家、民国时期"国立中央研究院"院士、中国社会科学院考古研究所副所长;

三子梁思忠(1907—1932)毕业于西点军校,后来入伍参军,但可惜的是,他因病较早离世;

老五梁思庄(1908—1986)是北京大学图书馆副馆长、著名图书馆学家;

老六梁思达(1912—2001)是经济学家,参与了《中国近代经济史》的编写工作；

老七梁思懿（1914—1988）是著名社会活动家；

老八梁思宁（1916—2006）早年就读南开大学，后来投奔新四军参加革命，在当时是陈毅的得力助手；

老幺梁思礼（1924—2016）是火箭控制系统专家、中国导弹控制系统研制创始人之一，中国科学院院士。

梁启超的9个孩子中有3个是院士，其他孩子也在不同领域有着各自的成就。

今天，许多父母教育一个或两个孩子，都感觉到达了自己的"极限"，随着孩子日益成长，更不敢"苛求"孩子未来一定如何。

但是，梁家有9个子女，梁启超却能将他们全部培养成才。我们不禁要问，这位优秀的父亲究竟拥有怎样的教育"法宝"？

教育是头等大事

欲强国必由教育

说起梁启超,公认他是一位思想家、政治家、史学家、文学家。但是,他也是一位不折不扣的教育家,他在教育方面的诸多思想,不仅在当时振聋发聩,在今天听来,仍然发人深思。

1896年,梁启超时年23岁,担任上海《时务报》主笔。他撰写了一组政论文章《变法通议》,并在《时务报》上连载,使《时务报》从众多报刊中脱颖而出,成为当时影响力最大的维新派刊物。梁启超本人也因此得到了"舆论之骄子,天纵之文豪"的盛誉。

由于梁启超和其他维新派人士一样,是教育救国论者,因此,在《变法通议》中,梁启超通过《学校总论》《论科举》《论师范》《论女学》和《论幼学》等篇目系统地阐述了其教育救国的思想。

在《论女学》中，梁启超认为诸多社会问题的根源在于教育，而教育的关键之一在于女子教育。他极力反对"女子无才便是德"的观点，甚至提出了"欲强国必由女学"的惊人之论。

梁启超还在文章中列举了世界诸国女学状况，指出：女学最盛者，其国最强，美国是也；女学次盛者，其国次强，英、法、德、日诸国是也；女学衰微者，则其国得存已为幸事，印度、波斯、土耳其是也。

梁启超说："吾推极天下积弱之本，则必自妇人不学始。"他认为，当下的中国为什么这么贫弱，很重要的一点是因为妇女不学习。在他看来，妇女不学习，就意味着妇女没有自我发展的空间，这样自然会制约其子女提升的可能性，所以妇女的学习是子女发展的基础。

因此，梁启超提倡妇女一定要学习，这样"上可相夫，下可教子，近可宜家，远可善种"①。这句话转换成通俗一点的话来说，就是"好太太旺三代"。女性的教育不仅仅是一个人的事情，而是一个家族兴衰的关键。

可以说，梁启超《论女学》一文为近代中国女子教育翻开了新的一页。百年之后的今天，社会各界仍旧十分关注家庭教育，特别是母亲对孩子的教育，梁启超在教育上的远见卓识由

---

① 出自梁启超作于1897年的《倡设女学堂启》，其作用相当于为不久后中国女子学堂的登场报幕。

此可见一斑。

而在《论幼学》一文中，梁启超非常详细地阐述了自己关于儿童教育的主张和方法，并提出了教育的另一个关键点："人生百年，立于幼学。"他清醒地认识到，幼儿时期是人成长的关键阶段。在这个阶段给予适当的教育可点石成金、事半功倍。

在梁启超看来，教育是头等大事，是立国之本。无论是女学，还是幼学，都是培养一代又一代新人的根基，这个根基稳固，才能构筑起"中国"这座大厦。

我想，在梁启超的期许之中，当有一天中国有这样的教育作基石，"少年智则国智，少年富则国富，少年强则国强"就不会是一句空话、一场空梦。到那个时候，中国"雄于世界"将是必然。

难能可贵的是，梁启超既是一位教育思想家，更是一位教育实干者。他不仅将自己的所思所想公之于世，给教育迷途中的人们以指引，更是身体力行，用自己一生的努力验证了教育的规律。

实力不等于能力

教育是有规律的，这句话听起来似乎是老生常谈，却是颠扑不破的真理。

但是，有时候真理与谬论也只有一步之差。比如在家庭教育上，很多人会认为，家长的学历、地位、能力越高，孩子所受到的教育就一定越好。

这是真理，还是谬论？我们可以通过三位父亲的几句话，来一探究竟。

第一位父亲说："这个女孩子比较不聪明，我在她小时候教她几行字，教了好多遍，都不会，我就有点讨厌她了。"

第二位父亲说："今天接到学校报告你的成绩，说你'成绩欠佳'，要你在暑期学校补课。你的成绩有8个'4'，这是最坏的成绩。你不觉得可耻吗？"

第三位父亲说："你们须知你爹爹是最富于情感的人，对于你们的爱情，十二分热烈。你们无论功课若何忙迫，最少隔个把月总要来一封信，便几个字报报平安也好。"

可能你会好奇，这三位父亲究竟是谁？先按捺你好奇的心，试想一下，假若你是一个孩子，当你听到这三句话时，分别会有怎样的感想？

或者，作为一个旁观者，你认为以上三位父亲的话语，哪一种更能打动孩子的心呢？

答案揭晓！

说第一句话的父亲是康有为[①]，他请自己的学生代为教导女儿，亲口跟学生如此交代。

---
① 该内容出自康有为之女康同璧自述。

说第二句话的父亲是胡适①,他得知大儿子胡祖望成绩之后,愤愤然去信指责,怒其不争。

说第三句话的父亲是梁启超②,他因故与孩子分隔两地,在信中表露的心声,是对儿女的满满爱意。

康有为、胡适、梁启超,这三个名字无论放在当年,还是现在,都是响当当的"金字招牌",他们人生成就的高峰,是众人望尘莫及的。

但是,我们不要忘记,他们也有着与大家相同的身份,那就是父亲。在这个身份属性之下,他们所说的话,有的似乎与常人并无两样。

我们甚至会惊愕,像康有为、胡适这么有"学问"的人,对孩子态度却是如此。

三位父亲不同的教育态度,折射出他们不同的教育方式,或者说家庭教育的能力。在不同的能力作用下,其教育结果也自然相距甚远。

我们从梁启超的家书中,已然得知"像南海先生这样一个人,为什么全不会管教儿女,弄成这样局面"。彼时,康家的后代已然状况不断,更谈不上什么世泽绵长。

那么,同样声名在外的胡适,他的后代又如何呢?

---

① 胡适(1891—1962):安徽省绩溪县人,原名嗣穈,笔名胡适。著名思想家、文学家、哲学家。以倡导"白话文"、领导新文化运动闻名于世。该内容出自1930年胡适给儿子胡祖望的一封信。

② 梁启超:《梁启超全集》,北京出版社,1999。

胡适育有三个孩子，其中一个女儿夭折了，剩下两个儿子。他的大儿子1919年出生，取名"祖望"，从名字当中能够看出胡适的期许，应该是希望这个孩子能够光宗耀祖。

胡适是新文化运动的旗手，在"五四"前后的新派人物中，一向以温和包容著称，但在1930年6月29日写给长子祖望的信中，我们却能从中看到少有的严厉：

"你在学校里干的什么事？你这样的功课还不要补课吗？我那一天赶到学堂里来警告你，叫你用功做功课。你记得吗？你这样不用功，这样不肯听话，不必去外国丢我的脸了。今天请你拿这信和报告单去给倪先生看，叫他准你退出旅行团，退回已缴各费，即日搬回家来，7月2日再去进暑期学校补课。这不是我改变宗旨，只是你自己不争气，怪不得我们。"

胡适写这封信的时候，胡祖望才11岁，正是贪玩的年纪，好不容易盼来暑假旅行，却因为考试成绩不佳，被父亲勒令退出旅行团，去学校补课。胡祖望内心的沮丧可想而知。

在这封信中，我们似乎看不到胡适对儿子的温和与包容，更多的是不满与责备。而胡适这样的举动，和今天诸多望子成龙，不顾子女正常的休息需求，非逼着天天上这补习班、学那特长课的父母们，有什么两样？

虽然，胡适对两个儿子的整个教育过程，我们无法一一探究。但是，以小见大，正如后人评述这封信时所说的那样：

"一个新文化运动的领袖,一个主张'全盘西化'的自由主义者,一个受过完整美国高等教育的现代中国知识分子,在父子的关系上,却是彻彻底底的中国本位主义者,不但是'中学为体',而且'中学为用'。"[1]

在这样的教育方式之下,胡家两位公子,其人生究竟会是怎样的状态?

胡适的长子胡祖望早年就读于西南联大,后留学美国康奈尔大学,主修机械工程,担任过航空公司工程师和"经济参事"等职。虽然胡适对其寄予厚望,但长子胡祖望并没有达到他所期许的光宗耀祖的目标。

胡适的幼子胡思杜,出生于1921年12月17日。这天正好是胡适的生日,取名"思杜"则是为了表达对恩师美国哲学家杜威的感念之情。

胡适为公务奔忙,长子祖望经常伴其左右,幼子思杜则生长在妻子江冬秀身边。一般来说,父母会比较偏爱最小的孩子,胡适也不例外。

身为人父,胡适也尽其所能,为小儿思杜作了诸多安排。

胡思杜少年时患有肺病,时读时辍,胡适就专门请了家教来辅导他。

抗战期间,胡思杜随母亲到上海避难,胡适托一位竹姓朋

---

[1] 刘宜庆:《百年风雅:勾勒百年中国的文化世家,感受历史嬗变中的家风传承》,江苏凤凰文艺出版社,2018。

友照看儿子。1940年11月9日，这位竹姓朋友写信告知胡适："小二在此读书，无甚进境，且恐沾染上海青年恶习，请兄赶快注意。"①

彼时胡适担任驻美国大使。于是在1941年5月，他安排胡思杜赴美，进入了教会学校海勿浮学院就读。但是，在美期间的胡思杜，读了两所大学都被开除，前后8年没有取得毕业证书，被学校驱逐。

名满天下的康有为和胡适，在历史舞台上有着自己的精彩片段。但是，这种精彩片段也只是他们人生的一个局部，我们换一个角度去了解他们人生的全局，就会发现其中也暗藏着不为人知的痛楚。

所谓的"家长学历能力越高，孩子一定能教育得越好！"并非真理。

其实，家长的学历与能力，只能代表他在某一领域，或某几个领域拥有优势。但是，正如"四书"之一《大学》所云："未有学养子而后嫁者也！"很少有人先学习如何当父母，然后再去成立家庭生儿育女。

也就是说，一个人无论他学识多渊博、地位多显赫，在教育子女这件事上，都应该从头学起，这是必需，更是必须。

---

① 孟昭庚：《胡适次子胡思杜不幸的人生结局》，《世纪风采》2013年第7期。

成功并不是偶然

要常保归零心态

一个家长,不管是父亲,还是母亲,能力很强、学历很高,这似乎是一件好事。但事实上,这对孩子的教育来讲是一把"双刃剑"。

为什么这么说呢?

因为,大部分人都容易陷入自己最习惯的模式中不可自拔。例如一位在职场上表现卓越的管理者,他在工作当中非常有决断力,这是促使他迈向成功的特质,也是让他为众人所信服的缘由。当他回到家中,虽然其身份已然转换为父亲,但面对孩子时,他仍旧"说一不二""唯我独尊"。这样下去,要么亲子矛盾频发,要么孩子变得懦弱。

例如一位在学校有着名师称号的骨干教师,她在工作中非常负责,会运用各种方法教导学生,因此成了优秀的班主任。当她回到家中时,应该回归母亲的角色。可是,她在面对孩子时，仍旧像管学生一样管着孩子。这样下去，孩子感受不到母亲的温情，看到的只有无尽的要求。

这种环境下，她的孩子可能就会用"你要我这样，我就偏不这样"的方式进行抵抗，这也是很多教师在教育子女上的困境。

放眼四周，我们就会发现，很多家长把职场上的"优秀"带入家中，却变成孩子一生的"梦魇"。

其实，越是成功的职场人士，越要学会一个词，它叫作"变态"，即要变化你的"心态""状态"。因为，不管你在职场上能力有多强，请记住那个地方叫"职场"，当你回到"家庭"之时，你就要告诉自己：这是一个不一样的地方，我不能用职场的思维模式来面对我的爱人、我的孩子。

这才是真正地负责任，也体现了一个人的智慧。

一个成年人的身上自然背负着多种社会角色。每一种角色，都有其特定的要求。在父母这一角色上，因为血缘关系所形成的不平等性，很多家长自然有着高高在上的姿态，并且在家庭中占据着绝对的"主导地位"。

但是，我想告诉大家，无论你名望有多高，事业有多成功，你都不要想当然地认为自己一定能够从"职场"的成功，走向"家庭"的成功。

越是"成功"的家长，其实越要小心翼翼，因为你在某一领域建立起的"职场优势"，会让你在面对孩子时，不由自主呈现出"心理优势",你会认为自己是权威,孩子必须、一定要听从、顺从自己的要求或教导。

可是,我们必须认识到,孩子是一个独立的生命个体,他不仅有自己的情感,还有自己的思想。

如果一个孩子只能唯父母"马首是瞻",以父母的意志为意志,以父母的思想为思想,那他人生的独立性自然就无从谈起,生命的完整性更成了一座遥不可及的"海市蜃楼"。

无论你是谁,在一个独立并且充满奥妙的生命面前,都应该有一种"归零"心态,这种心态是做好家庭教育的起点。

另外,特别要提醒的是,"归零"心态不仅适用于在"职场"上有所成就的家长,也适用于家有二孩或多孩的家长。

有些父母把自己的第一个孩子培养得不错,于是自然而然地认为自己具备了所谓的教育"经验"。等有了其他孩子之后,这些"经验"似乎也顺理成章地派上用场。

但是,殊不知,每个人都是独一无二的,即便身为一母同胞的兄弟姊妹,他们之间的差异仍然有可能是巨大的。

如果父母不能了解或理解这一点,认为自己已经具备了教育"经验",甚至掌握了教育"规律",并且完全按照教育老大的方式来培养家中老二(或老三等),这种方式其实是冒险的。

我想再次提醒家长们的是,教育不能生搬硬套。因此,不管家里生了几个孩子,在面对每一个孩子时,家长都得"归零"一次，重新开始。

常保"归零"心态，寥寥几字，但是对于教育却是意义十足。

回过头看，同为历史风云人物的康有为、梁启超、胡适，他们子女的成就大相径庭，我想其中很重要的一个原因就是，已经功成名就的康、胡二人，缺乏一种"归零"心态。他们没有俯下身去了解孩子，自然也谈不上"与孩子共成长"。

这是"前车之鉴"，值得后来者深思。

真投入才有产出

有这样的一段话，读起来令人动容："我那晚拿一张纸写满了'我想我的思顺'、'思顺回来看我'等话，不知道他曾否寄给汝看。"[①]

写出这句话的人，不出所料，就是梁启超。

可能你会好奇，梁启超是在什么情况下，写下了这样的话。

原来是这样的。有一次梁启超跟朋友聚会，一时兴起多喝了几杯。远在异乡的他，难耐对孩子的思念之情，于是拿起纸笔，写下"我想我的思顺""思顺回来看我"。这些话他写了一遍又一遍，直到铺满整整一页纸。

梁启超的侄儿目睹了这一幕，深为震动，特地将这一页纸收起。第二天，梁启超醒来，侄儿给他看昨晚的"作品"。之

---

① 梁启超：《梁启超全集》，北京出版社，1999。

后梁启超写信给女儿思顺,专门告知这件"趣事"。

虽然彼时父女二人远隔千山万水,但我们可以想见,当梁思顺看到这封信时,一定能够感受到父亲的那份浓烈爱意。

《宝贝,你们好吗》①这本书收录了梁启超写给儿女的400多封家书,其中有的家书长达上万字,而这些只是梁启超写给孩子的家书中的一部分。

我们可以想象一下,梁启超的孩子们,在收到一封封家书时,会是怎样的喜悦与幸福?

我们相信,再远的距离都无法阻隔心的相通。梁启超的儿女们把家书捧在手心之际,一定能够闻到父亲的气息,他们从信中读出的不只是父亲一字一句的叮咛,更是父亲的无限爱意。

梁启超在写给儿子思永的信中说到:"我现在忙极,要过十天半月后再回你,怕你悬望,先草草回此数行……因为忙,有好多天没有给你们信(只怕十天八天内还不得空),你这信看完后立刻转给姊姊他们,免得姊姊又因为不得信挂心。"②

无论多忙,梁启超都一直惦记着他的孩子,也对给孩子写信这件"大事"念念不忘,他甚至会担心寄信不及时孩子会牵

---

① 穆卓:《宝贝,你们好吗》,山西人民出版社,2012。本书所收梁启超家书不仅数量多,而且附有非常精到的注释。
② 梁启超:《梁启超全集》,北京出版社,1999。

挂，哪怕再忙也要先草草写上几行："怕你悬望，先草草回此数行。"

作为在那个时代深具影响力的"大人物"，梁启超事务繁多。不仅如此，他还是一位笔耕不辍的学者，据说他平均一年撰写的文字高达39万字。

梁启超的诸多代表著作收录在《饮冰室合集》之中。这部合集计149卷，一千余万字。毫不夸张地说，梁启超其人可谓著作等身。

可是，即便自己日夜奔忙，梁启超也始终把孩子的事当作重要的事，甚至是头等的事。他写了成百上千封信，每一封都是梁启超对子女用心投入的例证。

除了写信，梁启超还为子女做了很多事。例如梁启超的孩子在开始学写文章的时候，只要他有空，就一定会亲自看看孩子的作文，并且提出自己的建议。即便他自己写文章忙到很晚，对于这件事他仍旧坚持了下来。

以上虽然只是梁启超教育子女的几个片段，但以小见大，我们可以毫不夸张地说，梁启超在家庭教育上投入了大量时间、精力，甚至可以说他是不遗余力的。

有一句俗话说得好，"一分耕耘，一分收获"。对于人生的很多结果，没有偶然之说，只有必然的呈现。

正是有了梁启超这样的投入，我们才能够见证梁家的"硕果累累"。

反观康有为，他长大成人的6个孩子之中，年长的康同薇和康同璧算是其中的佼佼者，后面的4个子女都不甚出色，这是为什么呢？

1895年，也就是清光绪二十一年，康有为与梁启超等人发起了"公车上书"。这是维新派登上历史舞台的标志事件，更是康有为人生的重要转折点。

就在这一年，他的长女康同薇17岁（生于1878年），次女康同璧也已14岁（生于1881年）。也就是说，在这两个女儿的成长过程中，尚未成为公众人物的康有为还没有那么繁忙，在女儿的教育上不仅没有"缺席"，应该还花费了相当大的心力。因此，这两个女儿都被培养得不错。

康有为其他4个子女都是在1895年之后出生的，例如康同馥生于1908年，康同凝生于1909年。

这个时候的康有为已然成为时代领袖，由于身份和地位发生转变，自然事务繁多。其对于孩子的教育，无论是在时间上的参与，还是精力上的投入，都已经与之前有天壤之别了。

倘若像梁启超那样，无论多么忙，都能把教育孩子当成头等大事，这样无论地位身份如何转换，孩子的成长都是有保障的。

但康有为显然并未如此，所以梁启超在目睹康有为家中窘境之后，发出这样的感慨："我真不解，像南海先生这样一个人，为什么全不会管教儿女，弄成这样局面。"

把握关键之所在

当好榜样是核心

当今时代,在孩子教育上用心的家长不计其数。可是为何不少家长投入甚多,结果却不甚理想?我想主要问题还是在于,这些家长没有像梁启超一样,在教育上把握住关键核心。

1928年5月13号,梁启超在给大女儿梁思顺的家书中写道:"你们在爹爹膝下几十年,难道还不知道爹爹的脾气吗?你们几时看见过爹爹有一天以上的发愁,或一天以上的生气?我关于德性涵养的工夫,自中年来很经些锻炼,现在越发成熟,近于纯任自然了,我有极通达极健强极伟大的人生观,无论何种境遇,常常是快乐的。"①

作为父亲,梁启超说:"你们几时看见过爹爹有一天以上的发愁,或一天以上的生气?"这样的人生态度,对他的孩子

---
① 梁启超:《梁启超全集》,北京出版社,1999。

意味着什么？

我们回过头看，梁启超的9个子女之所以杰出，首先是因为父亲为他们提供了人生参考模板。父亲是怎么面对生活、面对工作、面对社会、面对世界的，孩子们看在眼里、记在心里，并借为人生准则。

但是，在今天的家庭教育环境当中，榜样似乎成了"稀缺品"，这就给孩子的成长带来了极大的挑战。

有一所小学，一年级新生开学，班主任为了解孩子们，就问大家："你们的理想是什么？"

孩子们纷纷作答，有的说要当医生，有的说要当科学家，有的说要当警察。一个孩子站起来说："老师，我的理想是退休。"

老师感到十分诧异。在放学时见到这个孩子的妈妈，老师说了孩子的情况，并让妈妈和孩子好好聊聊。

妈妈也很是奇怪，回家就问孩子："你的理想为什么会是退休？"

孩子说："妈妈，你和爸爸两个人一回到家，就说公司领导怎么不好，同事怎么不好，客户怎么不好，我就觉得工作没有一份好的。爷爷奶奶就不一样了，他们一回家就说去哪里逛了，去哪里看了，退休真好！"

说者无心，听者有意！父母不经意间的一举一动、一言一行，孩子是"照单全收"，并且内化成他自己人生的重要组成部分。这也就可以解释,为何会说"有其父必有其子,有其母必有其女"。

教育千万条,核心第一条,那就是当好孩子的榜样。

希望孩子努力,家长就要努力;希望孩子好学,家长就要好学;希望孩子乐观,家长就要乐观;希望孩子幸福,家长就要幸福:这才是家庭教育的关键所在。

爱的表达不可少

作为父亲,除给孩子当好榜样之外,还有什么重要的事?梁启超在其他方面也为我们作了示范。

首先,我们从梁启超最小的儿子梁思礼的小名"老白鼻"说起。这个小名的出处是英文"baby",可以想见,这个小名背后有多少浓浓爱意。

我不知道大家有没有看过梁启超的画像或照片。客观来说,世人所看到的梁启超形象似乎多是不苟言笑的。但他在孩子们面前,却是另外一番模样。他对孩子们爱得浓烈,表达得也十分频繁。

梁启超在给孩子们的信中,经常会有这样的表达:"我爱你们,我想你们,想得厉害……"有的时候,他的信就像情诗:"我晚上在院子里徘徊,对着月想你们,也在这里唱起来，你们听见没有？"①

大家要知道，这样的表达可是在百年前的清末民初，那时所谓的"君君臣臣父父子子"尚未完全被抛弃，"严父"似乎才是那个时代的父亲的"标准画像"，但梁启超显然与那个时代的普遍形象不符，他呈现出的是充满爱意的"慈父"的样子。

不管是父亲，还是母亲，爱孩子的心都是大同小异的。但是，比起母亲，大部分父亲在爱意的表达上还是比较欠缺的。

很多父亲不擅表达自己的情感，主要还是源于男性的某种观念。他们通常会认为：我知道就代表你知道，我不说你也知道。但是大部分女性却会认为：你知道不等于我知道，你不说我一定不知道。男女观念是大不同的，所以他们的情感表达是有差异的。

那么，我们回到教育上。在孩子的成长过程中，不少父母认为尽职尽责为孩子提供生活、教育的保障，这本身就是爱孩子的一种体现，说与不说"我爱你"，并不那么重要。

其实，这是一种认知上的偏差。人是具有丰富情感的，如果用一种直观的思维来想象，我们可以将人一辈子所有的情感装入叫作"人生"的容器之中。当我们打开这个容器，会发现每个人的"人生"差异极大，有的装的是甘甜美好的蜜，有的装的是难以下咽的苦……

为何每个人的"人生"容器会有这样大的差异？这取决于

---

① 梁启超：《梁启超全集》，北京出版社，1999。

我们注入什么样的情感。

梁思礼是梁启超最小的儿子,他与父亲相伴不足5年。在梁思礼关于父亲的追忆中,有过这样的自述:

"有时候他给在国外的孩子们写信,经常会提到我。这些信都可以在他的年谱长编里看到。我跟父亲的关系是他非常爱我,我也非常爱他。………'饮冰室'是父亲写作的地方,为了不打扰他写作,所有孩子都不能到那里去。如果他允许你到那里去,简直是很大的奖励。当然我是经常受奖励的,有时候他写作累了,常常把我抱到椅子上面,把着我的手以我的名义给大姐写信。"①

梁思礼5岁的时候,梁启超就过世了。通常来说,5岁的孩子记不住多少事情,即使能够记得一些,随着岁月的变迁,也会渐渐遗忘。但是,梁思礼却在此后悠长的人生中不断回味父亲留下的爱的滋味。

因为父亲的爱,足够浓烈!

合理期待亦重要

梁启超的大儿子梁思成去国外留学,颇有抱负的他到了目的地后,给父亲写信表态说,自己要如何发愤图强云云。

---

① 出自《追忆父亲梁启超》,由梁思礼口述、陈远整理,载于《各界》2011年第12期。

梁启超阅信后,并没有要求孩子以梁家子弟的声誉为要,一定要出人头地,反而这样回复道:"希望你回来见我时,还我一个三四年前活泼有春气的孩子,我就心满意足了。"①

作为一位父亲,对远赴海外留学的孩子有所期待,这属人之常情。但期待什么,就凸显境界了。

今天,有无数的父母期望孩子成为一个优秀的、杰出的人。这样的期望让不少孩子倍感压力,也让许多家长深陷焦虑,这如何是好?

我想,我们要从梁启超的这句"还我一个三四年前活泼有春气的孩子"中读出为人父母应有之期待。那就是,希望孩子身心健康、活泼快乐、幸福洋溢,这样"我就心满意足了"。

也许有的家长会说,这样的期待只是最基本的要求,孩子总归要走向社会,要从事一份职业或成就一番事业。于是乎,家长就自然而然地形成对职业高低和事业大小的评判,并本着这样的判断,给孩子设定所谓的"职业目标",并美其名曰"我这都是为了孩子好"。

因此,我们有必要了解一下,当年的梁启超是怎样看待事业的。

梁启超在一封家书中这样说道:"天下事业无所谓大小,(士大夫救济天下和农夫善治其十亩之田所成就一样。)只要

---

① 梁启超:《梁启超全集》,北京出版社,1999。

在自己责任内，尽自己力量做去，便是第一等人物。"①

为什么我要特别强调梁启超的观念呢？因为今天有不少的"成功人士"，自身取得一定的成就之后，就形成对孩子未来的"美好预期"。

例如一个获得较高学位的家长，相对来说，会比其他家长更关注孩子在学业上的成就。他会认为，孩子一定要考上大学，一定要有不低于自己所获得的学位。甚至有的家长一开始就设定了孩子今后应该上的大学、应该学的专业、应该做的工作。

一旦父母抱有这样的想法，孩子就会"活在"父母强烈的期望之下。但是，这个期待往往是以父母的愿望为本位出发的，而缺乏对孩子的兴趣或天赋的考虑。

这可能会导致怎样的问题？

每个孩子都是一个独立的生命个体，谁也不想成为别人的附庸。如果一个孩子是为父母的期待而存在，没有"活成"自己的权利，那他可能一生都不会幸福。

梁启超并没有因为自身所取得的成就，而对孩子们说：你们是梁家子弟，你们一定要争气，一定要出人头地。

在梁启超看来，"天下事业无所谓大小"，更无所谓好坏，"士大夫救济天下"和"农夫善治其十亩之田"，二者的成就是一样的。这种无可无不可的态度，不只是其通达人生的

---

① 梁启超：《梁启超全集》，北京出版社，1999。

一种体现，更是对孩子独立人格的一种尊重。因为，每一个孩子天资不同、才能各异，但无论其在职业上有何种选择，在这位父亲看来，都是很好的。

当然，尊重是前提、是基础，但光有尊重还是不够的，孩子的人生之路，还需要一座精神的灯塔。这位父亲接着说道："只要在自己责任内，尽自己力量做去，便是第一等人物。"

因此，我们就能理解，为何梁启超的孩子们没有所谓的"子承父业"，而是多元化地选择职业。梁家子女中涌现出建筑家、经济学家、图书馆学家、火箭控制系统专家等也就不足为奇了。

价值准则须树立

"人是思想的产物"，一个人拥有怎样的思想，建立怎样的价值准则，往往会决定他最终去向何方、能走多远。

这句话，应该是"放之四海而皆准"的基本规律。我们可以从梁家两代人身上，看到这种规律的存在。

先以梁启超为例。我们都知道，梁启超当年作为一名进京赶考的举人，置个人身家性命于度外，参与"公车上书"时，年仅22岁。

会作出这样的人生选择，既有历史的大背景的因素，也与梁启超的成长经历分不开。

为什么这么说呢?

梁启超出生于清末时的广东省广州府新会县熊子乡茶坑村①。离他家不到30公里的地方,有一座曾在历史上留下深重印记的山——崖山。

说起崖山,我们要先回望一段历史。

当年,北宋被金国灭亡后,南宋王朝在临安(杭州)建立。然而,蒙元帝国不断侵略扩张,于1276年攻陷临安。南宋军民30多万人逃往广州和江门一带进行最后的抗争。1279年3月14日,元军主力一路打到新会崖山,引发了一场惨烈的世纪大海战。

"崖山多忠魂,后先照千古。"当年,文天祥曾率军抗敌于海丰,兵败被俘,写下千古名句"人生自古谁无死,留取丹心照汗青";当年,张世杰曾大战于崖山海面,被元军包围,正奋力突围,却遭遇飓风以致全军覆没;当年,丞相陆秀夫见无力回天,就背负少帝赵昺投海殉国。十余万南宋军民也宁死不降,纷纷赴难!据史料记载,7日后,十余万具尸体浮海。日月山河为之色变!

历史的硝烟可以散尽,但过往的印记不会消逝,崖山的海天之间,英雄的浩气长存。

我们无法确知,这样的气息,对于生于斯长于斯的梁启超而言意味着什么。但是,我们知道的是,梁家的祖坟就位于崖

---

① 今广东省江门市新会区茶坑村。笔者注。

山。每年清明，梁启超的祖父都会率领全家去崖山祭祖。往返途中，他常给儿孙们讲述当年南宋存亡之际生死关头，臣民们慷慨赴难的情景。

每次扫墓之余，梁家老少还必到崖山上为纪念文天祥、张世杰和陆秀夫而建的"三忠祠"中，凭吊这些为国捐躯的民族英雄。

我们无法想象，当年在"三忠祠"前那个稚气未脱的梁启超，听到爷爷慷慨陈词时会是怎样的心情，但这无疑是童年梁启超所受到的最直接、最深刻的爱国主义教育。

应该从那个时候开始，他心中就确立这样的一种价值观：一个爱国的人，一个忠于国家的人，是万民所敬仰的。

这样的价值观是梁启超人生大厦的基本框架，所以我们就能够很好地理解，为何梁启超似乎是"善变"的。

在戊戌变法期间，他积极推动维新运动，主张学习西方先进科技和文化，以图国家富强。然而，在辛亥革命后，他逐渐认识到革命的局限性，并积极参与反对袁世凯的斗争。

尽管梁启超的立场或观点会随时势而变化，但他正如在一篇文章中所说的那样："其方法虽变，然其所以爱国者未尝变也。"①

我们知道，梁启超这样的价值观来源于其父祖辈。好的家风，一定会世代相承。这些我们通过梁启超写给子女的一些信

---

① 出自梁启超作于1899年的《饮冰室自由书》。

件可见一斑。

孩子出国留学期间,梁启超给孩子的信中写道:"毕业后回来替祖国服务,是人人共有的道德责任。"①

关于人生的成就和追求,梁启超在信中这么教导孩子:"至于将来能否大成,大成到什么程度,当然还是以天才为之分限。我生平最服膺曾文正两句话:'莫问收获,但问耕耘。'"②

一个人要建立怎样的人生态度,梁启超信中这样和孩子说:"处忧患最是人生幸事,能使人精神振奋,志气强立。"③"生于希望,生于热诚,生于智慧,生于胆力。"④"人生之能力,无一定界限,无一定程度,而惟以其热诚之界限程度为比例差。"⑤

关于物质与精神孰轻孰重,梁启超在信中这样告诉孩子:"生当乱世,要吃得苦,才能站得住(其实何止乱世为然),一个人在物质上的享用,只要能维持着生命便够了。至于快乐与否,全不是物质上可以支配。能在困苦中求出快活,才真是会打算盘哩。"⑥

---

① 梁启超:《梁启超全集》,北京出版社,1999。
② 同上。
③ 同上。
④ 梁启超:《新民说》,中州古籍出版社,1998。
⑤ 同上。
⑥ 梁启超:《梁启超全集》,北京出版社,1999。

当孩子在学习上遇到难处，他信中这么宽慰孩子："做学问原不必太求猛进，像装罐头样子，塞得太多太急，不见得便会受益。"① "至于未能立进大学，这有什么要紧，'求学问不是求文凭'，总要把墙基越筑得厚越好。"②

凡此种种，不胜枚举。这些价值观若阳光、似雨露，不断滋养孩子的"人生根基"，造就了梁氏子弟的栋梁之材。

孩子价值观的塑造，应该是家长的关注重点。但是，我们也看到，如今不少家长对孩子成长的关注点主要在孩子的学习上，甚至窄化到成绩上。

多少家长开口问孩子就这么几句话："你作业做了吗？""上课认真听了吗？""最近考试了吗？"

又有多少家长，能够和孩子聊一聊，人应该怎样过自己的一生？人生应该要有怎样的价值观？

今天，不少家长都告诉孩子要好好学习。孩子问家长："我为什么要好好学习？"家长通常的回答会是这样的："你只有好好学习，才能取得好的成绩；取得好的成绩，才能考进好的高中；考进好的高中，才能进入好的大学；从好的大学毕业，才能够找到一份好的工作。"

于是乎，"取得好成绩、考上好大学、获得好工作"成了家长在孩子教育方面的最高目标。

---

① 梁启超：《梁启超全集》，北京出版社，1999。
② 同上。

但是，一切真的就到此为止了吗？

我们一起来算一笔账。正常来说，一个人在22—24岁之间从大学毕业并步入社会，那么直到60岁退休，他就还有36—38年的时间在工作中度过。我们会发现，多少家长心心念念的"获得好工作"这一最高目标，只是孩子告别校园、走向社会的基本起点，绝非孩子人生的全部。

当我们把"局部"当成"全部"，拼尽全力的时候，我们要停下来想一想，我到底是"取法乎上"还是"取法乎下"？我到底拼的是"最高目标"，还是"基本起点"？

举例来讲，一个孩子从小父母就引导他，人一辈子，一定要为国家、为社会做贡献。在孩子心中，创造更大的贡献是他的人生目标。那么，他可能就会穷其一生攻克某些时代难题，比如如何解决雾霾问题、如何治疗罕见疾病……在这个过程中，他可能仍要面对许多艰难困苦，但因为他有使命感、有驱动力，即便未必能实现全部心愿，但在这个过程中，他是充实的、快乐的。

因此，价值的树立要比学习成绩重要得多。在给孩子们上课的时候，我经常会问他们："你的理想是什么？"

孩子们的回答各不相同。

有的孩子说："我想当个美食家，做世界上最好吃的冰激凌。"我会告诉孩子："这个理想很了不起，因为你能够让别人尝到美好的滋味。"

有的孩子说:"我要做个汽车设计师,造出世界上最好看的汽车。"我会告诉孩子:"这个理想很了不起,因为你能够让别人用上美观又便捷的交通工具。"

....

当我们在每一个孩子的理想背后,找到一种价值的支撑,给予一种精神的力量,接着再引领他去了解这一领域里有哪些伟大的人物,这样孩子就会在内心树立标杆、汇聚能量。

例如孩子的理想是要当医生,就可以让孩子好好了解一下"中国肝胆外科之父"吴孟超院士。他说过:"孩子们,这世界上不缺乏专家,不缺乏权威,缺乏的是一个'人'——一个肯把自己给出去的人。当你们帮助别人的时候,请记得医药是有时而穷的,唯有不竭的爱能照亮一个受苦的灵魂。"①

我想,如果有一个想当医生的孩子,一生都以吴孟超院士为榜样,那么他成为好医生的概率应该是极高的。

然后,我们还要和孩子共同探讨:实现这个理想的路径究竟为何?个人要具备什么品格?要拥有什么能力?要学习什么技能?要上什么学校?要学什么专业?这样我们就能帮助孩子从想想而已,变成有更清晰的目标,甚至能描绘出一张完整的路线图。

教育,往往是点、线、面相结合的过程。孩子确认自己的

---

① 吴孟超在2018年7月14日中央电视台播出的《朗读者》中如是说。

理想,是一个基本的价值点。当然独木难支,只有把更多的价值点串联成若干条线,接着再用这些线组合成面,人生才会变得丰盈而完整。

宋嘉树

民国第一父亲

他的晚辈，都是20世纪中国的风云人物。他们中有孙中山、蒋介石、孔祥熙、宋子文，也有宋庆龄和宋美龄，个个声名显赫。

他作为父亲，百年未有人能出其右，这让人不禁感叹："教子当如宋嘉树。"

格局将影响结局

宋嘉树（1864—1918），原名韩教准，别名宋耀如、宋查理，祖籍为今海南省文昌市。在中国近现代史上，他留下了深刻的烙印，被誉为"民国实业之父"。他的人生轨迹横跨清朝与民国两个时代，见证了历史的沧桑巨变。

宋嘉树生育了6个子女。3个女儿是被称为"宋氏三姐妹"[①]的宋霭龄、宋庆龄、宋美龄；3个儿子分别是宋子文[②]、

[①] 宋氏三姐妹：宋霭龄、宋庆龄、宋美龄，19世纪末生于上海，祖籍为广东省文昌县（今海南省文昌市），是20世纪中国最显赫的姐妹组合。宋霭龄（1889—1973），1904年赴美国留学，1910年毕业后回国。1912年任孙中山秘书。1914年与孔祥熙结婚。1947年去美国，1973年在纽约病故。宋庆龄（1893—1981），1915年和孙中山结婚。1949年应邀参加中国人民政治协商会议第一届全体会议，当选为中央人民政府副主席。1981年全国人大常委会决定授予宋庆龄"中华人民共和国名誉主席"称号。1981年宋庆龄在其北京寓所病逝。宋美龄（1897—2003），1927年与蒋介石结婚。晚年长期定居美国，2003年在纽约去世。

[②] 宋子文（1894—1971）：今海南省文昌市人，民国时期的政治家、外交家、金融家。

宋子良①、宋子安②。"宋氏三姐妹"所嫁之人，都是当时的风云人物：宋霭龄嫁给了孔祥熙，宋庆龄嫁给了孙中山，宋美龄嫁给了蒋介石。

在旧时中国，一家生六七个孩子本不是什么稀奇事，但令人惊奇的是，宋嘉树竟能把众多子女都培养得这么优秀。任何一个人或一个家庭的成功，都不能被简单地归结于偶然因素。当我们真正走进历史、了解其背后的真相，就会发现这一切必有缘由。

影响中国的心愿

有这样一个心愿，在今天听来仍然激荡人心："只要100个孩子有1个成为超人式的伟大人才，中国就有几百万超人，还怕不能得救？现在中国大多数家长还不能全心全意培养子女，我要敢于为天下先。"

发出这个心愿的人，就是本讲的主人公——宋嘉树。

这句话里的逻辑，值得我们细细思量。

一是，"超人式的伟大人才"。这是这位父亲的教育目标。他所做的不是培养庸庸碌碌的无为之人，而是培养出百分

---

① 宋子良（1899—1987）：今海南省文昌市人，早年留学美国，毕业回国后曾任上海会丈局局长、广东省财政厅厅长等职务。
② 宋子安（1906—1969）：今海南省文昌市人，曾先后担任松江盐务稽核所经理、中国国货银行监察等职。

之一的那一个超人式的伟大人才。

二是,"还怕不能得救"。彼时贫弱的中国,是每个血性男儿的心头之痛。所以无数仁人志士"抛头颅、洒热血",只是为了让旧中国换上新容颜。而这位父亲深知,光有一腔热血远远不够,教育是立国之基,人才是强国之本,只有源源不断地培养出人才,救国才有希望。

三是,"现在中国大多数家长还不能全心全意培养子女"。不知道大家看到这句话,心中会是怎样的感觉。我从中读到了在清末民初这段特定时期,每个人身处乱世的无奈。当生存都成了一种希望,那教育就变成了一种奢望。

四是,"我要敢于为天下先"。这位父亲的敢为,是为了光宗耀祖?是为了后半生有所依托?统统不是,他是为了救国,为中国培养超人式的伟大人才!这是个伟大的心愿,要想实现这个心愿殊为不易,但是"敢为天下先"的宋嘉树,却用自己毕生的努力,让世人看到一个影响中国的心愿和这个心愿背后的"教育奇迹"。

名字背后的期许

宋嘉树坚信自己会为中国培养出超人式的伟大人才。他在自己3个女儿的名字上,也有着与众不同的寄托。

大家现在所熟知的宋氏三姐妹,分别叫作"霭龄""庆龄""美龄",但实际上这三个名字都是后面改过的。三姐妹最早的名字分别是"爱琳""庆琳""美琳"。孩子的名字通常承载着父母的期许,为何宋嘉树会给3个女儿取这样的名字?

宋嘉树在美国生活并学习过,他对解放黑奴、拯救美国的总统林肯十分崇拜,他希望自己的孩子也能像林肯一样做一个伟大的人,所以他给3个女儿分别取名为"爱琳""庆琳""美琳"。"琳"跟林肯的"林"同音,不过用"琳"代"林",名字更女性化,同时也含有美玉的意蕴。

1904年,宋嘉树带着大女儿宋爱琳探访时年97岁的沈毓桂[①]老人,这位满腹经纶的老先生曾任《万国公报》的华文主笔,是宋嘉树颇为敬重的一位长者。

沈毓桂老先生得知宋爱琳的名字后,当即向宋嘉树提出:"爱琳是洋人的名字。我们中国人啊,应该有中国式的名字。"于是宋嘉树就请他另起名字,沈老先生说:"女性的名字,当然应该文雅些,不如改'爱'为'霭',改'琳'为'龄'。'霭'和'蔼'两字通用。苏轼也有诗写道:'湖上萧萧疏雨过,山头霭霭暮云横。'"

从此,"爱琳"改名"霭龄"。大姐的名字一改,两个妹妹的名字也相应改为"庆龄"和"美龄"。[②]

[①] 沈毓桂(1807—1907):清末翻译家,江苏吴县(今江苏省苏州市吴中区和相城区)人。曾于1876年与蔡尔康合编中国最早的通俗报纸《民报》。1882年协助林乐知编《万国公报》。
[②] 目前关于宋氏姐妹改名的说法颇多,笔者所言为其中一种。

教育也要讲定位

宋氏三姐妹的名字中，无论是"琳"字，还是"龄"字，都承载了宋嘉树深深的期许，那就是希望孩子能够以林肯总统为楷模，毕生为国家做贡献。

用今天比较流行的话来说，这就叫"定位"。父母对孩子教育的定位，一定程度上会决定孩子人生的可能性。

既然教育需要定位，那又应该如何定位？我们可以借鉴一代名君唐太宗李世民的智慧。

李世民当年上马能打天下，下马也善治天下，更难能可贵的是，他对子女的教育也极为重视。为了传承自己的人生经验，他特别撰写了《帝范》①，希望以此作为孩子的人生指南。

《帝范》一书，洋洋数千字，我们无法一一赘述，但是其中的一句话，却有必要与大家共赏："取法于上，仅得为中；取法于中，故为其下。"这句话的大意是以上等作为标准，只能收到中等的效果；以中等作为标准，只能收到下等的效果。

比如有这样的三对父母：

甲父母告诉孩子："我们也不指望你大富大贵，你自己努

---

① 《帝范》成书于贞观二十二年（648），是一部论述人君之道的政治文献，共12篇。其为文虽短，但文辞有力且优美，展现了一位开国君主对于自己人生经验的总结。

力,长大以后能够自食其力,找一份不错的工作,有饭吃,有地方住,过好小日子就可以了。"

乙父母告诉孩子:"我们家条件一般,没什么东西能跟别人比。孩子你要争气,不管读书,还是以后做什么事情,都要比别人更努力,一定要拼出个样子来,我们就指望你光宗耀祖了。"

丙父母告诉孩子:"孩子,我们能来到这世上一趟不容易,既然来了,就要争取做出一番事业,让这个世界因为你的存在而变得更美好。爸妈相信你,只要你有目标又肯努力,就一定有机会影响中国、影响世界!"

试想这三个孩子,从小受到父母不同教育观念的影响,他们的人生格局会有怎样的差异呢?

其实很多时候,孩子的未来,某种程度上说受父母的观念影响,从而大致定下基本框架。就像房子的地基一样,你似乎看不到它的存在,但它却影响着房子最终的格局以及能够到达的高度。

不做利己主义者

法国著名哲学家勒内·笛卡尔[①]曾提出一个振聋发聩的观

[①] 勒内·笛卡尔(1596—1650):法国哲学家、数学家、物理学家。他是西方现代哲学思想的奠基人之一,是近代唯心论的开拓者,提出了"普遍怀疑"的主张。

点——"我思故我在"。在这位伟大的哲学家看来,思考是人存在的证明,更是人存在的意义。

由于史料不足,我们无法得知晚于笛卡尔200多年的宋嘉树,是否曾经受到过这位伟大哲学家的影响。

不过,我们所能了解到的宋嘉树,是一个具有宏大格局的人,他先从中国去往美国,后又从美国回到中国。在那个动荡的时代,他见证了清朝的没落,见证了西方的繁华,当然也见证了革命的艰辛与人民的不易。

但他没有选择独善其身,也没有选择随波逐流,他的内心有着对这片生于斯的土地的深深热爱、改变这片土地的热切期盼。

从中,我们是否能够得到一些有益的启示?

作为父母,我们对于孩子的教育,是否可以开拓一种宏大的视野,让孩子将自己的人生与时代需求相融合,与国家发展共关联,与人类福祉同连接?果能如此,也许孩子的人生轨迹会变得截然不同。

有这样一位父亲。他之前从事的工作应酬较多,经常喝酒。我们常说"喝酒伤肝",一来二去,他的肝就出了点问题。

那时他的女儿刚上初中,父女俩的感情非常好,闲暇时经常在一起聊天。有一次,女儿问父亲:"爸爸,你觉得我以后做什么样的工作比较好?"

这位父亲就跟女儿说:"爸爸最近肝不太好,所以特地上网查了一下。由于现在人们作息不规律，饮食上又偏油腻，再加上喝酒，肝有问题的人越来越多。如果你有兴趣，以后可以好好研究一下如何通过更先进的医疗技术让人们的肝恢复健康。这样你不仅可以帮助爸爸，还可以造福更多的人。"

女儿将父亲的建议深深记在心中，并将其设定为自己的人生目标。在高考中获得了优异的成绩后，她选择了北京大学医学部，并随后进入国外知名高校攻读博士学位。女儿始终专注于生物医学领域的研究，这正是源自父亲当年在她心中播下的种子——如今已长成大树，枝繁叶茂。

我们要知道，家长帮助孩子建立起怎样的格局，很大程度上预示着孩子会有怎样的结局。

如果一个家长只关注个人私利，缺乏家国情怀和社会担当，那么这样的家长必然会培养出大量的"精致利己主义者"。

试想一下，如果有一天，人人都从极端自私的个人角度出发，不择手段地追逐名利、地位和享受，这个社会将走向何方？

观念才是"起跑线"

近年来,一个观点在社会上广泛流传,即"不要让孩子输在起跑线上"。

不少家长焦虑倍增,不断给孩子报各种培训班,似乎少报一个班,少学几节课,自己的孩子就会被别人家的孩子远远甩在身后。

"不输在起跑线上"似乎成了一道紧箍咒。此话一出,家长们"头痛欲裂",手足无措,只好在孩子的教育上层层加码。但是,又有多少家长真正思考过,如果真有一条所谓的"起跑线",那它究竟应该在哪里?

让我们来看看宋嘉树与朋友之间的一段对话,也许能够从中窥见那条"起跑线"的所在之处。

宋家的孩子还在爬行和学步时,宋嘉树就会耐心地鼓励他们:"一步,两步,三步,好!跌倒了别哭,自己爬起来再走,好!一二一,一二一……"孩子们果然不哭,跌倒了也会自己爬起来再走。

对此，有一位朋友说他是"开孩子们的玩笑"，宋嘉树则说："老兄错了，这不是玩笑，这是人生之路的第一步，将来在社会上闯世界，全靠这第一步啊！"①

当孩子还在蹒跚学步的时候，宋嘉树看到的不仅仅是孩子生理成长的需要，更是心理成长的必要。"跌倒了别哭，自己爬起来再走"，这句看似寻常的话背后，是一位父亲深深的智慧。

试想一下，一个孩子，从跨出人生的第一步开始，他就从父亲那里得到了一个信号，甚至是一种信念：跌倒虽然在所难免，但我的面对方式应该是抹干眼泪、撑起身体、继续向前。这样的人生态度和处世哲学，才是父亲给予孩子的最宝贵的财富。

"起跑线"是什么？"起跑线"在哪里？其实，真正的起跑线应该是父母的正确教育观念。

超越时代的眼光

回望历史，我们会发现宋嘉树的教育观念和那个时代的很多家长是不一样的。

民国初年，女子接受教育的情况并不普遍，但是宋嘉树的3个女儿全部接受了系统的教育。

---

① 千寻：《不一样的家教名言》，《今日教育》2019年第4期。

当时上海有一所中西女塾,由美国基督教监理会创办于1892年,地址设在今黄浦区汉口路西藏中路口,是当时为数不多既教授英文,又教授中国传统文化的学校。

为了让3个女儿得到更好的教育,宋嘉树在大女儿宋蔼龄5岁时,就将她送入这所学校寄宿学习。紧接着又在二女儿宋庆龄7岁时、三女儿宋美龄5岁时分别将她们送到这所学校接受教育。

不仅如此,在3个女儿长大之后,宋嘉树又做出决定,在宋蔼龄13岁时、宋庆龄15岁时、宋美龄11岁时,将她们送到美国去留学。

我们都知道,当时社会许多人的观念还是"女子无才便是德",认为女孩子不需要接受太多的教育,只要好好守在家里就可以了。但是宋嘉树并不这样认为,他有着超越时代的眼光,并确立了不一样的教育理念。

一是"不计毁誉,务必占先"[①]。俗话说"人多力量大",当很多人都持有某一种观点或立场时,这种力量的确强大,但是有时候"真理往往掌握在少数人手中"。宋嘉树说不要在意别人的看法,而要按照自己所想的正确方向去做。这既需要智慧,更考验勇气。

二是男女都一样,"身为女人,不应妨碍自己成为祖国有

---

① 马洪根:《宋嘉树教子的启示》,《早期教育》2000年第18期。

成就、有作为的公民"①。在宋嘉树眼中男女都一样,他没有区分男孩子可以干什么,女孩子可以干什么。不管男女,都可以,也都有必要为国家做贡献。所以宋家子弟从小没有因为性别的差异而限制自己发展的方向。

三是和孩子们做朋友,在日常生活中身体力行以施行影响和教育。在宋嘉树看来,靠近孩子,亲近孩子,然后再通过榜样的引领去影响孩子,才是教育的正确途径。这与如今很多居高临下,只管指使孩子学这学那、做这做那,自己却一事无成的家长们有着天壤之别。

正是宋嘉树超前的眼光和独到的理念,他的孩子才拥有了一条领先其他人的"起跑线"。这种领先不仅体现在教育机会的多样上,更体现在他的孩子们因此培养了一种内在的力量。

正因如此,宋氏子弟得以展现出与众不同的风采,实现了各自独特的人生价值。这种成就不仅彰显了宋嘉树在教育方面的智慧,更为后人留下了一笔宝贵的教育遗产。

脑袋也要富起来

今天,我们正处于"百年未有之大变局"之中。在这样一个大变革的时代,如果我们还墨守成规、一叶障目,只抓孩

---

① 马洪根:《宋嘉树教子的启示》,《早期教育》2000年第18期。

子字写得好不好，只盯孩子的作业做得好不好，只看到孩子成绩考得好不好，而没有考虑一个孩子应该要建立起怎样的品德、思维、格局、能力，可能到头来，才会发现"方向不对，努力原来是白费"。

当年，改革开放的总设计师邓小平提出了"让一部分人先富起来"①的观念。为什么他不说让所有人一起富起来？

这是因为，人与人最大的差异是思维上的差异。当一个新的观念、新的事物出现时，总有许多人将信将疑，甚至十分抗拒。

1992年，邓小平在南方谈话中强调了继续推进改革开放的重要性。然而，当时只有少数人看到了这一政策背后的机遇。这些人有的本身已经有了稳定的工作，但仍不惜砸掉令人艳羡的"铁饭碗"投入商海。

目睹那些敢于"第一个吃螃蟹"的人的选择，许多人感到难以理解。在他们看来，这些人竟然舍弃了稳定的工作，投身充满风险且看似毫无保障的"生意"。这种行为在他们眼中极为不明智，甚至有些可笑。他们认为这些人为了追逐未知的前途，不惜舍弃已有的安逸生活，低声下气地请求他人，实在是得不偿失。

---

① 这句话是邓小平于1985年10月23日会见美国时代公司组织的美国高级企业家代表团时说的，即"让一部分人先富起来，带动大部分地区，然后达到共同富裕"。

可是到了1998年的时候,时任国务院总理朱镕基提出进行国企改革。原先很多捧着"铁饭碗"的人下岗了。这个时候,这些下岗的人再看到之前主动辞职下海的那一拨人已经在商海中站稳脚跟,甚至实现了小康生活,才开始感叹别人的先见之明。

在中国的企业家中,有个特别的群体——"92派",指的是在1992年前后辞职下海,并在商界中卓有成就的企业家们。

造就他们人生辉煌的,不仅仅是时代的伟大变革,更是他们个人的自我选择。在别人选择安稳的时候,他们选择了主动面对未知的风险。正是具备了这样一种超前的意识,他们才有了超越平凡的可能!

可以这么说,改革开放40多年来,的确实现了让一部分人先富起来,先富带动后富的战略目标。当时,先富起来的这一部分人,主要富的是什么?是口袋。

那么,今天在教育上,仍然需要有一部分人先富起来,这次主要富的是什么?是脑袋。

我始终认为,今天各种有关家庭教育的问题看似纷繁复杂,但如果就着问题来解决问题,就只会治标不治本。

作为家长,更为重要的是,让自己的脑袋"富起来",要具备真正意义上的思考力。当你真正拥有对教育的思考力,才能避免人云亦云的盲从和患得患失的无措,也才能穿越现实的

"迷雾",看到教育真正的"出路"。

正因为如此,我经常告诉那些天天因为孩子的各种教育"问题"忙得焦头烂额的家长:"你要冷静思考一下,你到底在忙什么?你忙来忙去最终的成效又是什么?所谓的问题解决了吗?孩子变得越来越好了吗?"

付出是应该要有回报的。可是今天在教育上,家长付出许多,老师付出许多,孩子同样也付出许多。但付出的各方,各自得到与付出相应的回报了吗?

我想答案在每个人的心中。

人世间唯有尽孝和教育是不能等的,但是这两件事都有个前提——正确。

在尽孝上,孔子曾说:"赡养父母,不能仅停留在让父母有吃有穿。正如家里养宠物,不也要给吃给用的吗?如果对父母不敬重,那尽孝跟养宠物有什么区别呢?"所以,尽孝尽的是基于敬的孝,也就是得孝敬父母,这才是正确的尽孝之法。

同理,在教育上,当大部分人都认为学习成绩是唯一的衡量标准的时候,作为家长,是否更应深入地思考,在学习成绩之外,还有什么决定孩子的人生走向?

我深信,只有家长的脑袋"富"起来,孩子的人生才更有可能"亮"起来。

教育要着眼未来

为什么一再强调父母要先富起脑袋,因为对于人们来说,看到眼前,是比较容易的。但是能否突破眼前的局限,看到未来的需求,恰是决定教育成败的关键所在。

可以这么说,教育要着眼于未来。可是,现如今多少家长在教育上只关注当下,只考虑孩子的学习成绩——今天考得好就高兴,考得不好就伤心。

我们可以看看宋嘉树的教育方式,也许会稍稍明白什么叫作着眼于未来的教育。

有一次,外面下着很大的雨,宋嘉树带着宋庆龄走进了龙华寺。到了龙华塔下,宋嘉树叫宋庆龄丢开雨伞,站在一边淋雨。

宋嘉树指着屹立在风雨中的龙华塔,对她说:"在风吹雨打之下,这座塔依然傲立雨中,你知道为什么吗?因为它根基牢、骨架紧密,你未来也应该像这座塔一样,坚强勇敢,为自己打好基础。现在我们比赛绕着宝塔跑圈吧!"[①]

作为父母,遇到下雨,总想着要如何为孩子遮风挡雨,这似乎是人之常情。

作为父母,我们或许可以为孩子遮挡眼前有形的风雨。

[①] 张钧:《宋嘉树:风云人物的家风传承》,《西部论丛》2018年第6期。

但是，俗话说"人生不如意之事十之八九"，换个角度想一想，孩子在人生路上，遇到的无形的风雨，父母又该如何为孩子遮挡？

所以，宋嘉树在雨中看到的是未来。他让孩子淋着雨看千百年来在风雨中坚强屹立的龙华塔。他一方面告诉孩子人生的真相，即打好基础就能无惧风雨；另一方面也以此锻炼意志力，让孩子知道在风雨中不但不应叹气停留，还应该不为风雨所阻，用奔跑来靠近目标。

面对未来，除了无惧风雨的意志力，还需要什么？

宋嘉树还会在闲暇时间带着孩子一起去爬山，甚至穿越一大片森林。

试想一下，多少孩子走在平地上还喊苦喊累，对于他们来说，爬一座山、穿一片森林，岂不叫苦连天？

宋嘉树却认为，虽说这样的过程对孩子来说的确是非常艰苦的，但是通过这样的活动，一方面可以不断提升孩子的体能，另一方面也在锤炼他们的忍耐力。

除此之外，还有什么样的教育方式是着眼未来？

有一次，宋嘉树在桌上摆了很多好吃的，然后把所有的孩子叫到一起，对孩子们说："我知道你们都饿了，你们看这些美味的食物，都想吃对不对？那我们看看谁能够忍受饥饿？谁能够坚持控制住自己不去拿吃的？"

这看上去似乎有点不近情理。很多人会想，父母不是应该随时满足孩子的需求吗？难道孩子饿了，不是马上给他吃的吗？

有时候在一些幼儿园、小学门口，我们会发现：只要一放学，孩子一出校门，爸爸妈妈、爷爷奶奶就开始边走边掏食物。好像这一秒没有把食物喂到孩子嘴里，下一秒他就要饿晕过去一样。

为什么现在的孩子意志力普遍偏弱，自控力相对较差？究其原因，是家长对于孩子"有求必应"，甚至"无求先应"。孩子哪有等待的机会，更何谈忍耐的能力？

回过头看宋嘉树当时的做法，我们就会发现他的高明之处。孩子饿了虽然想马上吃东西，但是经过这一番锻炼后，他明白，要学会自我控制，更要学会等待与忍耐。这样的锻炼会让孩子未来面对诱惑与挑战时，多了份淡定与从容。

总而言之，宋嘉树对孩子的教育不只限于眼前，更是着眼未来。

所以，对于今天大多数的父母而言，不能只为眼前着想，因为再怎么着想，能带来的价值也就是眼前屈指可数的短期利益。

正如《战国策》中所云："父母之爱子，则为之计深远。"作为父母，学会为孩子的未来着想，才是教育的核心之一。

你应该试想一下，当孩子二三十年后进入社会，那时社会对他的要求是什么？你更应该问问自己：我今天所进行的培养或教育，有没有为这些要求做准备？

何谓为未来着想？可以这么说，在教育上如果"A点"是出发点，"B点"是目标点的话。我们的着眼点应该放到"B点"，这叫作"B点思维"。

在教育上，建立"B点思维"至关重要。我们应该思考：我想／社会需要得到什么教育结果？为了得到这个教育结果，我需要创造什么条件？把这两点想明白了，就马上去做。

比如无论未来社会如何发展，人与人之间都需要合作，请问你现在培养孩子的合作意识了吗？

比如哪怕再过30年，在工作中仍需负责任，请问你的孩子拥有责任意识了吗？

我在一次讲座之后，听一位家长诉说孩子的种种状况。印象最深的是，他的孩子在小学的6年间，丢了200多个水杯。那么，试想一下，这样的孩子，长大以后能胜任自己的工作吗？可能会很难，因为他连对自己的物品负责任的意识和态度都缺乏，如何能对工作负起责任呢？

因此，作为父母在教育上要为未来着想，多想想什么才是孩子面向未来的核心能力，这才是真正对孩子的未来负责。

我们虽然活在现在，但是我们培养的孩子是要面向未来的。要是我们的教育只看到现在，没有看到未来，那我们的孩子终将迷失在未来，我们也终将失去未来，这绝不是危言耸听！

成功路上不拥挤

未来看不见摸不着，着眼未来的教育，看似无从下手，但并非毫无规律可循。

2009年的时候，我曾经在吉林省长春市出差过一段时间。某个周末，我到吉林省图书馆看书，那里恰好在举办一场家庭教育讲座，我便进去听听。

在讲座结束之后的答疑环节，有位头发花白的老人家就主讲人的观点提出了不同的看法，我对这位老人家的观点深以为然，便找了一个地方与他坐下来长谈。这位老人家姓李，当时已经60多岁了，他向我详细讲述了他的教育观点，特别是对自己孩子的教育方式。

我为什么要在这里专门讲到这位长者？我认为，他在教育上的思考与做法，对于许多家长有着借鉴的价值。

这位老人家，早年在长春市附近一个小县城的油田工作，主要是负责文化宣传。当时作为中层干部，他的工作较为轻松，生活条件也不错。按他的话说，当时油田还分配了一幢二层的小洋房，生活还是很有品质的。

有一年，他的孩子上小学了。换作别人家的孩子上小学，家长可能会主要关心孩子作业做了没有，考试考了多少分。可是，他的着眼点跟很多家长不同。有一天，他特地到学校看孩子上课的情况。也许,大家会想说,他去学校看上课,主要是看孩子上课认不认真。

但是不然,其实他到学校主要是看老师教学水平如何。那个时候,教育资源分布得很不均衡,他一看就发现老师的教学水平十分堪忧。

回家后不久,他做了一个重大决定。他找到单位领导,申请从县城的油田产区调到长春市区的总部。领导和同事都劝他说留在县城油田产区工资高、福利多,住房条件也好,这么小的孩子上学也学不到什么,在哪上学都一样,没有必要为此放弃现在这么好的待遇。

不管别人怎么劝他,他仍坚持要调到长春市区,哪怕住的房子变小、工资降低、福利减少,也要让孩子到市区的学校接受更好的教育。

后来,他如愿以偿,带着一家老小搬到了长春市区。虽然生活各方面的条件都大不如前,但是孩子的教育进入了一条不一样的轨道。

他说,这是他在孩子教育上的第一个重大决定。

到了20世纪80年代,孩子升入初中。他觉得中国一定会越来越开放,未来跟世界的交流也会越来越多,为了适应未来的需要,孩子应该提前学好一门外语。

一说起学外语,英语作为全球通用的语种,肯定是许多人的首选。但是李老先生思考后认为,许多人都在学英语,自己的孩子不是从小就开始学，这是劣势；即便他学得还不错，但是学的人那么多，这也未必能变成优势。

鉴于此，他在孩子教育上做了第二个重大决定。当大部分人选择让孩子学英语，并将此视为阳关道的时候，他让孩子去学俄语。他的身边自然会有各种非议声，认为他异想天开，放着"阳关道"不走，偏要走"独木桥"。但是，不管别人说什么，他都不为所动。从初中开始，他就专门为孩子请俄语老师，并让孩子日复一日、年复一年地学习。

等到他的孩子上了高三，因为在俄语上具备突出优势，所以直接被保送到北京外国语大学俄语专业。大学一毕业，就被分配到外交部，并被派驻到中国驻俄罗斯大使馆当翻译。

李老先生跟我讲，当时我国领导人到访俄罗斯与其总统会谈时，他的孩子就是中方翻译。他前段时间在孩子的安排之下，到俄罗斯游玩了一个多月。谈到这些，李老先生眉眼之间充满笑意，我可以感受到他的那份幸福与自豪。

客观地说，李老先生的孩子能够拥有这样的人生走向，很大程度源于他父亲对未来的判断，以及基于判断的教育选择。

当很多家长让孩子去追逐所谓的"阳关道"时，再宽的道，有数以万计、数以十万计，甚至数以百万、千万计的人在一起奔跑时，也会显得拥挤，甚至会不可避免地出现堵塞。

所谓的"独木桥"，看似狭窄，但是人迹罕至，只有少数几个人在上面行走，这样，再窄的桥也会显得较为宽阔。

所以，有时候成功路上并不拥挤。很多时候，在培养孩子上另辟蹊径，才会给孩子创造更多的可能性。

如果一个孩子在语言方面有天赋，除了学习英语，也可以让他选择学习小语种的外语，例如俄语、西班牙语、韩语、阿拉伯语等等，并坚持下去，建立起突出优势。这样的针对性培养，往往让孩子一生受益。

有一次，一位家长问我："我的孩子对什么都不感兴趣，就是对汽车感兴趣，我应该怎样培养他？"

我告诉家长说："一个孩子在某一个领域有特别的爱好，是非常好的事情。作为家长，应该支持并且帮助孩子开拓这个领域的视野。"例如带着孩子通过阅读等方式，了解汽车的起源、汽车品牌的故事、汽车企业的历史、汽车制造的技术、汽车发展的趋势等，让他对汽车从一点兴趣变成全面关注。

在建立这样的关注的同时，帮助孩子建立起自己与汽车领域的连接。带孩子去看看车展，争取机会去参观汽车制造厂，然后跟孩子一起分析哪个国家的汽车制造技术具有突出的特点，哪一所大学在汽车相关的专业具有优势。

随着孩子慢慢长大，他对这个领域也会制订出越来越清晰的规划。他会思考自己要进入这个领域、从事热爱的工作，应该学好哪些学科、考上哪一所学校、进入哪一个专业，甚至于毕业后应该争取进入哪一家公司。

倘若一个孩子通过家长的引导，自小建立起人生的方向甚至是路线图,他有方向、有目标、有动力,并且从小开始努力,那么他在这个领域实现自己人生价值的概率就会变得很高。

正确方法要确保

如果说教育的理念是战略,这个固然重要,那么战略的实现,就需要战术的配合,战术就是具体的、可操作的教育方法。

除了在教育的"战略/理念"上有过人之处,宋嘉树在教育的"战术/方法"方面,也有不少值得借鉴的地方。

爱国是能量之源

在宋庆龄、宋美龄去美国留学之前,宋嘉树对她们说:"让你们到美国去,并不是让你们去看'西洋景',而是要把你们造就成为不平凡的人,回来报效祖国。这条路很艰苦,荆棘丛生,你们要随时准备付出代价,不管条件多么艰苦,都不要终止你们的追求。"[①]

宋嘉树的这一番话,绝不是随意脱口而出的,而是承续着

---

① 张振鹏:《名家教子书:父亲的榜样》,青岛出版社,2008。

他此前的所思所想。

其实，在孩子们未出生之前，宋嘉树就曾说过这样一番话："我们要造就一些伟大的人，只要有伟大的人，我们中国就有希望了。"

等到宋庆龄15岁，宋美龄11岁，即将出国留学，她们的父亲仍然不忘初心，千交代万嘱咐："我送你们出去，不是让你们出去看热闹的，你们要成为不平凡的人，回来报效祖国。"

时光带走流水的故事，但没有带走宋嘉树的一片赤诚爱国之心。所以孩子出国之前，他说的那番话，是他的心声，更是他爱国情怀的体现。

这样的爱国情怀，不仅伴随着宋嘉树的一生，也同样让孩子的人生有了不一样的方向。

客观地说，宋氏姐妹对中国近代社会的影响是巨大的。宋庆龄与她的妹妹宋美龄虽然有着不一样的政治立场，但她们都忠于自己的信仰，都热爱自己的国家。这当然与宋嘉树对她们爱国情怀的培养是分不开的。

作为家长，一定要培养孩子的爱国情怀，因为我们每个人都像一棵树，我们的根要扎在祖国这片沃土上，才能拥有源源不断的能量。

有连接，才有能量。怎样更好地理解连接的意义？大家可以试想一下手电筒和电灯哪个的电量比较足。我想大家都会不假思索地回答：肯定是电灯的电量更充足，因为它连接着电源。这个电源不断地给予电灯能量，它才会持续发光。

同样，我们和祖国的连接，和这片生养我们的土地的连接，就像插头插到电源里一样——会获得源源不断的生命的能量。如若没有这样的连接，我们就像是只充了一点点电的手电筒，虽然可能暂时也会发出光亮，但一段时间过后就会因电量不足而暗淡下来。

同样的，一个能够成就伟大事业的人，与他所生长的土地必定有着深厚的情感连接。这种连接会为他提供不竭的动力，推动着他不断前行。

相反，一个对自己的祖国缺乏爱意的人，即使表面上拥有一份令人艳羡的事业，这份事业也依然是无根之木、无源之水，难以长久。

因为真正的事业是需要持久的能量的，而这种能量正是来自对祖国的热爱。没有这份热爱，再光鲜的事业也只会是昙花一现。因此我们一定要培养孩子的家国情怀：爱这片生他、养他的土地。

我们要让中华大地壮美的山河、悠久的历史、博大的文化，成为孩子生命中最重要的依托。孩子跟这片土地连接得越紧密，他就会越豁达，他的境界自然也就越高远。

设想一下，我们计划踏上一段漫长的旅程，目的地遥远且需要翻越无数山峦。若某人的志向并不那么高远，那么即使面对一座仅有200米的小山,他也可能觉得高不可攀,心生畏惧。然而,对于心怀攀登世界之巅这一目标的人来说,200米甚至2000米的山峰对他而言,也只是旅程中的一小步,不足为奇,更不足为惧。

所谓的困难,来源于我们对事物的不同看法。

为什么现在很多孩子的抗挫折能力那么弱?克服困难的能力那么差?很大一部分原因在于他们心中没有那座"高山"。当一个人没有高远的目标、没有克服困难的勇气时,他自然会被眼前的阻碍吓倒,甚至在挑战尚未来临时,就已经"弃甲投降"了。

所以,我们今天更要培养孩子"天下兴亡人人有责""国家盛衰人人有责"的情怀,并让他们将这种情怀,转化为人生的动力之源,用努力来报效祖国,以奋斗去创造未来。

我曾在一档广播节目中听到这样一则报道:某地的一所学校的某个班级的家长们联名向学校提出请求,希望为孩子们的教室安装空气净化器。这些家长甚至表示愿意自行筹集资金,以减轻学校的经济负担。

然而,学校方面却婉拒了这一提议。他们担心,一旦某个班级安装了空气净化器,其他班级的家长可能会效仿,进而产生连锁反应,出现一系列的管理问题。

这一事件迅速引起了公众的广泛关注和热议。广播节目主持人对此事发表了这样的见解。他认为,问题的核心并不在于是否应该安装空气净化器,而在于应如何教育和引导孩子们,让他们对这片土地、这片蓝天产生责任感。此外,还应该促使孩子们进一步思考:我们应该如何行动,才能让蓝天变得更蓝?这种对日常生活环境的关注和改善,远比仅仅依赖空气净化器来得有意义。

我深以为然。这样的教育和引导才是建设一个真正"少年智则国智"的中国的关键所在。

品德是人生之基

有一天,宋家的孩子们都在为去爸爸的好友家做客而做准备。宋嘉树的这位朋友家里养了很多漂亮的鸽子,孩子们都非常喜欢。而且,宋嘉树的这位朋友还曾承诺孩子们:"到我们家里玩,可以选自己喜欢的鸽子带回家。"

孩子们都非常高兴地准备出发,唯有宋庆龄还坐在那儿弹钢琴。

其他的孩子就催庆龄道:"赶紧啊,我们要去叔叔家拿鸽子。"宋庆龄回应说:"我不去。"姐妹们觉得很奇怪,就问:"你为什么不去啊?"宋庆龄说,她答应了某某同学来自己家里编花篮,她要信守承诺,不能离开。

姐妹们劝她说:"你今天先去,朋友来了找不到你,她明天再来就可以了。"宋庆龄回答说:"爸爸说过,做人要信守承诺。我要是忘了，明天见到她，还可以道歉。可是现在我想起来了，我就得在家里等她，不然就是不守信用。"

姐妹们做客回来后，发现宋庆龄一个人在家，她的朋友并没有来，可宋庆龄一点都没懊恼。宋庆龄说："我说的，我做到了，那我自己就心安了。她没来，是她的事情，和我没任何关系。"

虽然上面这则小事的主人公是小宋庆龄，但是她也说"爸爸说过，做人要信守承诺"。可见宋嘉树对于孩子品格教育的重视。

教育说复杂复杂，但若说简单也简单，无非是教孩子为人处世。

人这个字，笔画非常简单，一撇一捺而已。一撇是为人，一捺是处事。但是如何才能把这两笔写好？

首先，作为家长，我们一定要知道品德是孩子教育的基石，更是在社会立足的根本。

前几年，广为人知的"高铁霸座男"事件虽然是一个极端个案，但从中我们也能窥见，一个人的学历高、知识多，并不一定等同于他的品德好。

知识的增多、学历的提升，只是这个人在学习上某些能力的体现，而不等同于在品德上的同步增进。

所以，我们要像宋嘉树一样关注孩子的品德教育，培养孩子信守承诺、与人为善、团结互助、敬老爱幼、尊师重道、孝敬父母等优秀品质。通过这样的教育，当一个孩子具有"人"应该具有的优秀品德时，教育才能真正实现应有的价值。

可能有些父母会说，我们也在关注孩子的品德教育，我也天天跟孩子说要信守诺言、与人为善等等，但是孩子好像就是做不到呀？

这究竟是为何？

我们不禁要问：多少父母只管说，不管做呢？他们明明告诉孩子要信守承诺，但是自己在参加一些活动之时，接到问询到哪儿的电话，明明还在家中尚未出发，却告诉别人自己已在赶去的路上。自己觉得这是善意的谎言，孩子却又作何感想？

父母天天告诉孩子要与人为善，但是开车遇到行人，连停车礼让都不曾做到。你觉得因为上学太赶，孩子却又作何感想？

凡此种种，不胜枚举。

品德教育绝不是纸上谈兵，更不是空中楼阁，它就藏在生活的每时每刻之中，在父母的一言一行之中。

当父母真切地认识到这一点，并且以自身为榜样，孩子在潜移默化中自然而然会规范自己的言行举止，并最终成为有利于国家、人民的栋梁之材。

宽严是行为之度

有一天,宋家突然多了几辆黄包车,这引起了大姐宋霭龄的极大好奇,她内心涌起一股强烈的冲动,想要试试拉黄包车的感觉。于是,她叫来了妹妹宋庆龄,让妹妹坐在车上。

宋霭龄兴奋地拉着黄包车奔跑,速度越来越快,仿佛想要挑战自己的极限。车后面还跟着一大群孩子,他们跳着、笑着,玩得不亦乐乎。

然而,乐极往往生悲,意外就在这时发生了。由于跑得太快,宋霭龄没有注意到前方的路况,结果一不小心,整辆黄包车就飞了出去。

坐在车上的宋庆龄顿时失去了平衡,摔倒在地,身体狠狠地磕在了路面上。看着受伤的妹妹,宋霭龄吓得脸色苍白,她意识到自己闯了大祸。

也许大部分家长看到这种情况,会冲过去劈头盖脸地教训孩子一顿:"谁叫你动它的,这是你可以玩的东西吗?!"但是,恰好看到这一幕的宋嘉树走到两个孩子跟前,却说了一番非常有意思的话。

他告诉宋霭龄:"做游戏也要有分寸,'黄包车夫'可不光是使力气的呀!伤了乘客还怎么拉生意呢?"[①]

---

① 马洪根:《宋嘉树教子的启示》,《早期教育》2000年第18期。

大家注意，宋嘉树并没有因此批评孩子。他觉得孩子出于好奇，做这件事很正常，出了这样的状况也能接受，但从中他也看到了教育的契机，那就是要告诉孩子，做事情要讲方法，要知分寸。

而他对宋庆龄却是这样说的："你摔得很痛吗？我们的'乘客'这样宽宏大量，这样勇敢坚强，真是了不起！"①

宋嘉树认为，宋庆龄摔了但没有哭闹，说明宋庆龄宽宏大量，这也是了不起的。这样的话语，对宋庆龄来说既是一种宽慰，更是一种鼓励。

这些都体现宋嘉树在教育上"宽"的一面。

其实失误与犯错像是形影不离的孪生兄弟，伴随着孩子的整个成长过程。如何应对，是父母需要时刻面对的考验，更是父母教育智慧的体现。

在成都市武侯祠有一副著名的楹联，是清人赵藩所写，其中一句"不审势即宽严皆误，后来治蜀要深思"广为流传，因为这是对历史经验的总结。但是将这句话套用在家庭教育上，我认为也十分贴切。

教育同样也须宽严有度。用一句简单的话来概括，那就是该宽则宽，该严则严。

宋嘉树也是深谙此道，他对孩子既有宽的一面，同样也有严的时候。

---

① 马洪根：《宋嘉树教子的启示》，《早期教育》2000年第18期。

例如宋嘉树作为当时富甲一方的商人，却对孩子花钱管得很严。这是他严的体现，也是所谓的"分寸"。

其实，每个父母都深爱孩子，为何在这种深爱之下却得到了不同的结果？很多时候，是我们在教育上出现了偏差，有时失之于宽，有时则失之于严。

因此，家长们都应思考一下，对孩子的教育是不是分寸适当？有没有做到宽严相济？

在一次班级舞蹈排练中，有个孩子因动作完成得不够标准，同学们好意给予了几次指正。然而，出人意料的是，这个孩子竟然当场情绪失控，愤然表示要放弃表演。

事后，孩子的家长与我谈及此事，她对孩子的过激反应感到困惑不解。我询问家长是否经常无条件地夸赞孩子，她说自己的确是这样。家长还透露，现在孩子似乎只能接受赞扬，对任何形式的批评都极为敏感，稍有微词便会引发她的强烈不满。

其实我极不赞成在孩子成长过程中，只一味地鼓励和表扬。这种做法实际上并不利于孩子的全面发展。过度溺爱和纵容的教育方式，很容易让孩子变得以自我为中心，认为一切都应围绕自己转。

当孩子逐渐长大并意识到"一切并不围着自己转"的时候，这种认知的落差往往会给他们带来巨大的痛苦和困扰。他们可能会因为无法适应外界环境而感到失落和沮丧，甚至产生自我怀疑和自卑情绪。

同样的,教育孩子过分严格也绝不可取。

曾经有个孩子的爸爸向我诉苦,说他经常出差,但是回到家之后,孩子就天天私下问妈妈,爸爸什么时候还出差。甚至他回家时,如果孩子正在餐厅吃饭,看到他的第一反应就是端起碗赶紧回自己房间。

究其原因,是这位爸爸对孩子过于严厉,甚至经常"鸡蛋里挑骨头"(孩子妈妈所言)。这样孩子自然感受不到父爱的温暖,对爸爸"畏而远之"就成了必然。

因此,教育一定要"宽严有度",既要给孩子爱的感觉,又要建立规则,并且随时拿捏好两者之间的尺度。

曾国藩

家族领航舵手

他是晚清名臣,身居要职,家境殷实,但他却教育子女"凡世家子弟,衣食起居无一不与寒士相同,庶可以成大器。若沾染富贵气习,则难望有成"。在这样的家风影响下,他的家族涌现出许多优秀的人才,200多年间出了240多位杰出人物。

毛泽东曾说:"愚于近人,独服曾文正。"蒋介石说他"足为吾人之师资"。这不能不说是很高的评价了。

名门望族由此始

千封家书见真情

提及曾国藩,人们首先想到的是他在历史上的丰功伟绩。然而,除了这些功绩,他在家庭教育方面的成就同样令人敬佩。

曾国藩留下了许多作品,其中最为人所熟知的就是《曾国藩家书》。这本书不仅仅是一封封家书的集合,更是曾国藩对家人深厚情感的体现。

在那个通讯不便的年代,一封信的往返可能需要半个月甚至两三个月的时间。但曾国藩,这位忙于政务的名臣,却用30年的时间,写下了近1500封真挚的家书,这些信件跨越了时空,传递了他对家人深深的思念与关怀,也足见他对家庭教育的投入与用心。

在这近1500封家书中,收信人包括他的父母、叔父、弟弟,还有妻子和孩子。那么,在这些信件中,他写给谁的数量最多呢?

或许，许多人会猜测是他的妻子和孩子。

然而，事实并非如此。某一版本的《曾国藩家书》收录了435封信，按照比例分配来看，他写给祖父的有14封，写给父母的有48封，写给叔父的有9封，而写给妻子和侄儿的加起来仅有7封。令人惊讶的是，他写给孩子的信有115封，而写给弟弟的信则高达249封。

为何曾国藩会给弟弟写如此多的信呢？因为作为家中长子的他，深知家族的传承并非一人之力所能完成，而是需要整个家族的共同努力。他通过书信这种方式，不断引导、激励和教诲他的弟弟们，希望他们能够成为品德高尚、才能出众的人，为家族的繁荣做出贡献。

通过这些家书，我们会看到，尽管曾国藩身居高位、事务繁忙，但他始终心系家族。作为家族的长房长孙，他时刻关注着弟弟妹妹们的成长。即便远在他乡为官，他也通过书信与家人保持紧密联系，为他们提供人生指导。

在曾国藩的悉心教导和引领之下，他的弟弟们在各自不同的领域取得了令人瞩目的成就。

五弟曾国潢虽然没有担任官职，但他留在家中掌管家务，确保了家族内部的稳定与和谐，为曾国藩的事业提供了坚实的后盾和支持。曾国藩在1860年2月的一封家书中感慨说："余敬澄弟（笔者注：指曾国潢）八杯酒，曰'劳苦最多，好心好报'。"

六弟曾国华在战场上英勇无畏,展现出了卓越的军事才能,虽然后来不幸牺牲,但他的英勇事迹被后人铭记。

九弟曾国荃因其出色的指挥能力,在湘军与太平天国的对战中多次立下大功,有"曾铁桶"之称,特别是在攻破吉安和天京的战役中表现尤为突出。

季弟曾国葆,在攻打安庆和金陵等战役中立下赫赫战功,后来官至知府,但因病去世。

可以说,曾国藩的良苦用心化为累累硕果,他的弟弟们皆以兄长为典范,不仅在家族事务中尽心竭力,更在军事和国事中展现出卓越的才能。弟弟们的成就不仅为曾国藩家族增添了荣耀,也为后世树立了良好的榜样。

除此之外,曾国藩的儿孙辈也是人才济济、精英辈出。他的3个儿子中,有1个早年夭折,其余两人均成长为杰出人才。长子曾纪泽[①]是清末著名的外交家,曾代表清政府与沙俄进行领土谈判。次子曾纪鸿[②]则是清末著名的数学家。

更令人瞩目的是,曾国藩的孙子们同样优秀。曾纪泽的两个儿子:曾广铨[③]官至二品,担任外交官出使朝鲜、德国;曾

---

① 曾纪泽(1839—1890):湖南省湘乡县(今湖南省娄底市双峰县)人。光绪年间曾担任清政府驻英、法、俄国大使,也是当时秉承"经世致用"思维的官员。
② 曾纪鸿(1848—1881):著有《对数评解》《圆率考真图解》《粟布演草》等。
③ 曾广铨(1871—1940):字敬诒。早年跟随曾纪泽待在英国,精通英、法、日、德语及满文。曾任驻英使署参赞、高丽(今朝鲜)钦使等职。参与过《金陵书局刻书章程》的拟定。

广銮①也在官场有所建树。曾纪鸿的两个儿子：曾广钧②和曾广镕③，一个曾任广西知府，另一个则是湖北按察使。

除了孙子辈，曾国藩的曾孙辈中也不乏优秀人才。如曾约农④是著名的教育家，曾任台湾东海大学校长；曾昭权毕业于美国麻省理工学院，担任过湖南大学电机系主任；曾宝涵则是医学博士。

有人可能会问，曾家四代人才辈出，是因为曾国藩位高权重，子孙也受其庇荫吗？

事实上，清朝在曾国藩去世40年后便走向了灭亡。俗话说"一朝天子一朝臣"，更何况是改朝换代。

但无论时代如何变迁，曾国藩的子孙们始终是不同时代的佼佼者。这在某种程度上也说明他们的成功并非依靠曾国藩的权势地位，而是仰赖曾家世代相承的良好教育。

正是这种深厚的家族底蕴和优良的教育传统，曾国藩家族才能够屹立在历史长河中。

接下来，我们就来探究曾国藩的治家之道。

---

① 曾广銮（1873—1920）：清代正一品荫生，花翎郎中衔，都察院左副都御史，诰授光禄大夫、建威将军。
② 曾广钧（1866—1929）：光绪十五年中进士，授翰林院编修。甲午战争后，任广西知府。
③ 曾广镕（1870—1929）：曾任刑部员外郎、湖北牙厘局总办、湖北施鹤兵备道、湖北按察使等职。
④ 曾约农（1893—1986）：1909年考取第一届庚子赔款赴英留学。1916年毕业后，旋入剑桥皇家矿冶学院研究，归国后在长沙创办艺芳女校。对日抗战胜利后，创办湖南克强学院。1949年至香港，随后转赴台湾，受聘为台湾大学教授，1955年被东海大学董事会推举为东海大学首任校长。

治家之道铸名门

孝友为起家之基

曾国藩在给两个儿子的信中,深情地写道:"孝、友为家庭之祥瑞,凡所称因果报应,他事或不尽验,独孝、友则立获吉庆,反是则立获殃祸,无不验者。"[①]这句话饱含曾国藩对家庭、对孝道的深刻理解。他坚信孝悌、友爱是促成家庭团结和稳定的至关重要的因素,对父母的孝顺和家庭成员之间的友爱是家庭幸福的象征。在这世间,并非所有因果都会应验,但孝顺和友爱却能立即有吉利喜庆之事发生。他还说,孝友之家往往可以绵延十代八代。

百善孝为先,孝是对长辈敬养、尊重和关怀。曾国藩的孝出于本心、深入骨髓,我们可以从他的家书中感受一二。

曾国藩写给长辈的信开头都是"祖父大人万福金安""男国藩跪禀父亲大人万福金安""侄国藩敬禀叔父大人侍

---

① 曾国藩:《曾文正公家书》,中国书店出版社,2011。

下""男国藩跪禀父母亲大人万福金安"等,结尾都是"敬其近事,余容续禀"。当时曾国藩已经是翰林院侍讲学士,他却并不自恃功高,对家中长辈态度仍极尽恭敬。

不仅如此,曾国藩在写给父母的家书中曾多次提及想要请假回家探亲,然而曾国藩的父母知道自己的儿子公务繁忙,所以屡次嘱咐曾国藩要以国家大事为重,不用回家探望。

道光三十年(1843)农历正月初九,曾国藩给弟弟写了一封家书。信中说:"去冬曾以归省迎养二事,与诸弟相商;今父亲手示,不许归省,则迎养之计更不可缓。"①信中所提到的"迎养之计",就是把父母接到自己身边的计划。原来,曾国藩因不能侍奉在双亲左右而深感愧疚,故萌生将父母接到身边伺候的念头。

但是曾国藩面临着一个难题。当时,曾国藩老家有父母和叔婶四位长辈,若只迎接父母而不迎叔婶,不仅自己心中有愧,父母也会不安。因此,他希望能将四位老人一同接来。

然而,新的问题又来了。婶婶大病初愈,身体状况并不乐观。如果四位老人一同接来,远道旅行、跋山涉水,对婶婶来说将是一个巨大的挑战。这让曾国藩深感忐忑,不知如何是好。

经过深思熟虑,曾国藩最终提出了一个解决方案。他决定将父母和叔叔接来,而让婶婶留在家里,专门请一个人服侍

---

① 曾国藩:《曾国藩家书》,海南出版社,1994。

她,并嘱托弟弟、弟媳们细心照顾她。

这样的解决方案可谓十分周全。为什么这么说呢?

一是,曾国藩体贴地考虑到婶婶的身体不宜长途跋涉,让她留在家里,并且请人专门照顾,嘱咐弟弟、弟媳们细心奉养,婶婶可以好好休养身体,同时父母叔叔也安心;二是,把父母叔叔接到身边与自己相聚,既可解自己的思亲之情,曾国藩自己也安心;三是,让父母与叔叔同行,一路上有伴,也能互相照顾,父母也安心;四是,叔叔抑郁了几十年,现在有机会外出看看,又可与侄儿、侄媳、侄孙团聚,叔叔也心情舒畅。

透过曾国藩的这番考量,我们窥见了他内心深处那份至纯至孝的情感。他不仅以行动诠释了对父母养育之恩的报答,更在细微之处展现出对叔叔、婶婶的贴心关怀。事实上,我们环顾四周,就会观察到:那些家族成员相互扶持、共同前行、注重孝道的家庭,总是弥漫着和谐与温暖的气息,家族也会迎来更多的吉庆与福报。这样的孝悌家风,也往往会传递给子孙后代。

史料记载,曾国藩的父亲曾麟书[①]对其父曾玉屏也非常孝顺。曾玉屏晚年生病三年,在这期间基本生活不能自理,那时

[①] 曾麟书(1790—1857):派名毓济,字竹亭,祖籍湖南省衡山县白果镇,出生于湘乡县荷塘(今双峰县荷叶镇)。初为山乡塾师,43岁时参加第17次乡试,终于考中秀才。

的曾麟书虽年事已高，但仍不离不弃地守护在父亲身边，悉心照料，从来没有说过一句抱怨的话。

目睹了父亲曾麟书这样的孝心，曾国藩将孝提升为做人的首要品德。曾家子弟在他的影响下，血液中也流淌着孝悌文化。

如果孝顺父母是曾家成员的共同信仰，那么相互爱敬则是他们的生活日常。所谓孝友，友又是什么？友是家庭成员之间的和睦友爱。曾国藩曾说："兄弟和，虽穷氓小户必兴；兄弟不和，虽世家宦族必败。"①曾国藩的1000多封家书中，有很大一部分都是写给他的四个弟弟的。这些家书，既有对弟弟们生活上的关心，又有关于读书和做人的建议。曾国藩或是正言厉色，或是苦口婆心，或是谆谆劝慰，费尽心思地教导弟弟们。

我们还可以从一件事中感受到曾国藩和弟弟们的深厚情谊。在道光二十一年（1841）农历九月十五、道光二十一年（1841）农历十月十九和道光二十二年（1842）农历八月初一，曾国藩先后给父母、祖父母写了三封家书。这三封家书都写了什么呢？其实都跟同一件事有关：他的九弟曾国荃在京城无心学习，想要离京返乡。曾国藩把事情的来龙去脉以及后续的详尽安排向父母、祖父母禀明，以免他们担心。

当时的曾国藩是翰林院一名从七品检讨，薪水不高，甚至

---

① 曾国藩：《曾文正公家书》，中国书店出版社，2011。

常常靠借钱度日，但为了九弟曾国荃的学业，曾国藩和父母商量后，特意将九弟接到京城，和自己一起生活、一起读书。但九弟刚到京城一年多就无心学习，这可把曾国藩愁坏了。他多次询问九弟原因，并劝说九弟留下，但九弟怎么也不肯说出自己的想法。

刚开始，九弟提出离开京城、回到家乡的想法时，曾国藩并不同意。考虑到当时世道不太平，英国人在浙江一带寻衅滋事，河南又发生了水灾，一路上饥民很多，他很担心九弟这个时候回乡会发生危险。于是他在家书中向父母说道："九弟年少无知，又无大帮作伴，又无健仆，又无途费充裕，又值道上不甚恬谧之际，兼此数者，男所以大不放心，万万不令弟归。"①他担心九弟年轻，没有什么经验，也没有强壮的人陪同上路，如果就这样让九弟走了，难保不会身陷险境。

曾国藩既为九弟担忧，又怕自己说多了会让兄弟之间产生嫌隙。无奈之下，他只能同意九弟的决定，替九弟安排好回乡事宜，并将九弟托付给了绕道湖南前去贵州上任的郑莘田先生，请他一路上多关照。

在安排九弟行程的同时，曾国藩也进行了深刻的反思。他觉得九弟执意要走，可能是因为自己这个当哥哥的做得不够好。所以他对九弟说："凡兄弟有不是处，必须明言，万不可蓄疑于心。"他这是在告诉九弟：哥哥我要是有什么做得不对

---

① 曾国藩：《曾文正公家书》，中国书店出版社，2011。

的,你一定要告诉我,千万不要憋在心里。他希望通过这样的方式,消除兄弟之间的嫌隙。

从苦心劝说,到托人相送,再到自我反思与主动沟通,曾国藩的这一系列做法都体现了他对弟弟们的尊重和关爱。他希望兄弟之间要以德业相劝,以过失相规,共同成长,彼此成就。这是家族兴旺发达的第一要义。

曾国藩用自己的行为为孩子们树立了榜样,也让他们明白,家族的繁荣与昌盛,离不开每个家庭成员的努力与付出。曾国藩真真正正地践行了"孝友传家"这一理念。今天的我们,可以从以上故事中感受到一个杰出的家族领袖对于整个家族未来的深远影响力。

在曾国藩的家书中,反复提及的"治家八字诀"如一盏明灯,照亮了整个曾家的前行之路。这八字诀,源自他的祖父曾玉屏的智慧箴言,凝结着这位老人一生的思考与经验。这八字是:"书、蔬、鱼、猪、早、扫、考、宝。"①

"书"为读书,代表书香四溢、滋养心灵;

"蔬"为种菜,代表不断耕耘、自给自足;

"鱼""猪"为养殖,代表勤劳付出、发家致富;

---

① 曾国藩:《曾文正公家书》,中国书店出版社,2011。

"早"为晨起,代表黎明即起、珍惜光阴;

"扫"为洒扫,代表保持整洁、净化环境;

"考"为敬祖,代表怀念祖先、慎终追远;

"宝"为睦邻,代表睦邻友好、与人为善。

这八字诀既是指引家族成员的明灯,也是家族文化的精髓所在。

对于祖上的教导,曾国藩信受奉行,他在家书中提到:"吾家子侄半耕半读,以守先人之旧,慎无存半点官气。"[1] 寥寥数语,彰显了他对家族传统的尊重与维护。所谓家族传统,就是坚持劳作与学问并重。

他在信中还要求:"不许坐轿,不许唤人取水添茶等事。其拾柴、收粪等事,须一一为之,插田莳禾等事,亦时时学之。"[2] 在曾国藩看来,凡是自己能做的事,万不可让仆人来做。他希望家族中的每一个孩子都能参与劳动,从而培养起一个人应有的独立与勤劳的品质。

他在信中提醒弟弟们:"庶渐渐务本,而不习淫佚矣。至要至要,千嘱万嘱。"[3] "宜令勤慎,无作欠伸懒慢样子,至要至要。吾兄弟中惟澄弟较勤,吾近日亦勉为勤敬。即令世运

---

[1] 曾国藩:《曾文正公家书》,中国书店出版社,2011。
[2] 同上。
[3] 同上。

艰屯，而一家之中，勤则兴，懒则败。"①

曾国藩明白，勤劳是家族兴旺的关键，而懒惰则将导致家族的衰败。因此，他一生都谨守着这八字诀，不仅自己身体力行，更时刻提醒弟弟和子侄们恪守家风。

正如东汉天文学家张衡所言"人生在勤，不索何获"，翻阅曾家之"发家史"后，我们也不难发现它恰是一部"勤奋史"。

也许正是深受这样的家风影响，曾国藩总结归纳了三个判断标准，从三个方面进行审视，可以判断一个家族能否兴旺。

第一，看这家人是否早起。

曾国藩曾这样说道："我朝列圣相承，总是寅正即起，至今二百年不改。我家高曾祖考相传早起，吾得见竟希公、星冈公皆未明即起，冬寒起坐约一个时辰，始见天亮。吾父竹亭公亦甫黎明即起，有事则不待黎明，每夜必起看一二次不等，此尔所及见者也。"②曾国藩说曾祖父竟希公和祖父星冈公有天亮前就起床的习惯，甚至在寒冷的冬天，他们也会提前起床。他的父亲竹亭公也同样黎明即起，有事情时甚至不待黎明就会起床。

早起被曾国藩视为头等大事，他说"余近亦黎明即起"③，即曾国藩自己也坚持每天早起。他甚至特别交代结婚

---

① 曾国藩：《曾文正公家书》，中国书店出版社，2011。
② 同上。
③ 同上。

不久的儿子曾纪泽，说："你刚成家，一定要和妻子都养成早起的习惯。"

为什么早起这么重要？大家知道，在中国传统的农耕文化中，最朴素的观念就是"一分耕耘，一分收获"。你在土地上洒下多少汗水，你就会收获多少果实。一天就 24 个小时，你凌晨 4 点起床跟早上 8 点出工的差别非常大。不要看一天就差两三个小时，换算成一年，会差多少时间？所以一定要早起。

另外，早起还有一个非常重要的作用，那就是磨炼心志。我想，有些人为了改变自己，不止一次下定决心要早起锻炼、要早起读书、要早起工作等等，但能坚持下来的寥寥无几。

倘若一个人能够克服困难，坚持早起，那么他的意志力将超越常人。曾国藩深知这一点，因此他强调，如果家族成员都能养成早起的习惯，那么这个家族的兴旺将指日可待。因为拥有这种坚定意志的人，无论面对何种挑战，都将无所畏惧，而他所做的事也无所不成。

第二，看这家人是否做家务。

曾家女子有四门必修科目："衣、食、粗、细。"不管是曾国藩的女儿还是儿媳，都被要求熟练掌握这四门必修科目。

"衣"指的是缝制衣服。做衣服要先纺纱织布，这也是曾家女子的基本功。曾国藩曾和同僚分享过一则家庭趣事。他的儿子新婚宴尔，某日因媳妇纺车的响动而辗转难眠，于是忍不住向母亲抱怨："你新进门的媳妇整天翻动这个纺车，吵得我都不能睡觉。你过来把纺车敲掉好不好，这样我就能好好睡一觉了。"曾国藩在隔壁听闻后，以幽默的口吻反问儿子："你母亲整天摆弄纺车也吵得我睡不着觉，你要不要过来把你母亲的纺车先敲掉？"其中透露的，不仅是两代女性勤劳的品质，更是曾家人对家风的坚守。

曾家有一个特别的传统——家中的女子，不论是儿媳还是女儿，每年都要亲手为曾国藩做一双鞋子。这不仅仅是一份心意，更是对她们针线技艺的一次考核。如果鞋子做得不够精致，那她们就需要花费时间加强技艺了。

"食"指的是日常的烹饪。每一道菜肴都融入了爱与关怀，家人在享用美食的同时，也感受到了家的温暖与美好。

"粗"代表日常打扫与整理。它是家庭整洁有序的基础。通过精心打扫每一个角落，营造一个宜居的生活环境。

"细"则是指针线刺绣等细致活。曾家女子以精湛的技艺做出各种活计，也展现了她们作为女性的创造力。

"衣、食、粗、细"四事，缺一不可，共同构成了曾家女子的日常生活。她们通常早晨忙于烹饪与清扫，午后则投身于纺线的工作，到了夜晚则沉浸在细致的刺绣活之中。这样的一天，虽然忙碌，但却充实。

为何曾国藩对曾家女子会有这样的要求？他在写给女儿曾纪芬的信中提出：世人皆熟知"匹夫有责"，但应另立"匹妇尤有责焉"之命题，强调"女子左右风尚之力，较男子尤大，其责任亦更重"。

第三，看这家人是否读圣贤书。

曾国藩的长子曾纪泽对父亲满怀敬意。有一次，他在信中向父亲表明决心，要效法父亲，孝敬祖父母，同时也尽心侍奉父亲。

曾国藩在回信中，没有直接谈论孝敬，而是分享了自己的书单："余于'四书五经'之外，最好《史记》《汉书》《庄子》《韩文》四种，好之十余年，惜不能熟读精考。"[①] 其言下之意为，真正的孝敬在于承继与发扬父亲的学问与志趣，深入研读他推荐的这些经典之作。

曾国藩更对子女们说："人之气质由于天生，本难改变，惟读书则可变化气质。"[②] 他以身作则，通过阅读提升自己的修养和境界，并且希望子女们也能够博览群书，从中受益。

曾国藩深谙读书之道，尤其强调读书要"三有"：

一是读书要"有志"，有志者不甘居于下流。意思是，只要有志向，人就不会自甘堕落。

周恩来的"为中华之崛起而读书"与范仲淹的"不为良相，则为良医"便是对此最好的诠释。他们之所以伟大，正是因为从小就树立了崇高的志向，并为之不懈努力。

我在上课时，会经常问孩子们："你们的理想是什么？"

[①] 曾国藩：《曾文正公家书》，中国书店出版社，2011。
[②] 同上。

因为理想是指引人生的灯塔。有了理想，才有明确的目标和方向，这样人生才不会迷茫。正如一句英文谚语所说："对于一只盲目航行的船来说，所有的风都是逆风。"没有理想的孩子，面对生活的挫折和考验，往往会无所适从。因此，要从小设立清晰的人生志向，这样未来才会有努力的目标。

二是读书也要"有识"。"有识"的第一层意义是"不甘以一得自足"[①]。读书越多，眼界越开阔，就越发觉世事苍茫，人生短暂，自身是很渺小的。这时我们就会思考：要读什么样的书，要做什么事，要去创造怎样的功业，才算不虚此行？

一个孩子的人生将去向何方？这往往取决于他对时间和空间的认知。构建孩子的时空观，也是"有识"的重要组成部分。

事实上，当一个孩子开始触摸历史的脉络，感受时空的绝美，他的内心便被点亮了星火。

我们可以畅想一下，一个"有识"的孩子若沉醉于中国的历史长河，从古老的文化中汲取智慧，在历代的伟人身上寻找榜样，那么他的灵魂深处便会燃起一股不甘于平庸的热情。他的心中有着宏大的志向，他的眼中闪烁着对未来的期许。他知道，伟大并非一蹴而就，而是需要时间的沉淀和空间的拓展。他会珍惜每一刻的时光，用勤奋和毅力去书写自己的人生篇章。

---

① 曾国藩：《曾文正公家书》，中国书店出版社，2011。

三是读书还要"有恒",曾国藩在家书中自述:"余性最爱读书,凡读书必须专一有恒,始能得其益。"[1]

他读书有这样一个习惯,那就是在每本书未读完前,绝不涉猎别的书。这份坚持与专注使得他能够在学问上深入钻研,收获颇丰。

那么,我们现今在培养孩子的阅读习惯时,是否也应注重"有志、有识、有恒"呢?

阅读如饮食,营养均衡的饮食才能成就健康的身体,常吃垃圾食品当然容易百病缠身。吃的食物会影响人的体质,同样看的图书也将影响人的思想。

大家切勿因为孩子年幼,便放任其随意阅读。事实上,一个孩子的阅读品位来自早期的环境,就好像人的口味,看似天生,实则是早期的饮食习惯使然。

但令人担忧的是,现在不少儿童读物内容低俗,缺乏营养,这不仅不能提升孩子的阅读品位,还可能误导他们。若让孩子从小接触低俗的读物,我们就不能过于期待其日后能自然提升品位,阅读更有深度的内容。

因此,培养孩子的阅读习惯、选择高质量的读物至关重要。圣贤之书不仅是文化的精髓,更是孩子获得心灵滋养的宝贵资源。它们蕴含着深邃的思想和崇高的道德,能够引导孩子形成正确的世界观、人生观和价值观。

---

[1] 曾国藩:《曾文正公家书》,中国书店出版社,2011。

所以，作为家长应该有意识地引导孩子阅读高质量的图书，让他们在阅读的道路上越走越宽广，心灵也越来越丰富。

教育为旺家之本

从古至今，教育始终是家族兴旺的基石。家族之繁荣，非一朝一夕之功，而是需要代代相传、薪火不熄的努力。其中，教育的作用不容忽视。

曾国藩深知教育的力量。他在家书中对两个儿子说："银钱、田产最易长骄气逸气，我家中断不可积钱，断不可买田，尔兄弟努力读书，决不怕没饭吃。"[①]

曾国藩曾言，读书乃最可靠的财产，是真正的传家之宝。但有不少父母为子女考量，日夜奔波，只为积累财富，想给子女留下丰厚的家底。在他们看来，如此心中才踏实。

然而，积累的财物，真的能为子女铺设出一条无忧之路吗？答案或许并不尽然。

究竟何为"足够花的钱"？这个标准难以衡量。一生之中，我们究竟能积累多少财富？这同样是一个未知数。若子女未能得到良好的教育，即便留下金山银山，也难免有朝一日坐吃山空。

---

① 曾国藩：《曾国藩家书》，海南出版社，1994。

因此，真正的传家之宝不是金银珠宝，而是孩子对知识的渴望与对学习的热情。唯其如此，方能确保家族世代繁荣昌盛。

曾国藩深知，子弟勤奋读书，才是家族昌盛的基石。他为何如此着重教育呢？

回到曾国藩26岁那年，彼时他赴京赶考却未能如愿中举，回程途经金陵（今南京市）时，在某处被一套"二十三史"深深吸引。这套书价值百两纹银，囊中羞涩的他，再三思忖后向友人借钱购得此书。他承诺回家后即刻偿还，但到家却不敢向父亲提及此事，只因百两银子在当时并非小数。

某日，父亲在书房偶见此书，询问其来历。曾国藩如实相告，本以为会遭父亲责难，却不料父亲不仅未加责备，反而鼓励他好好研读，并表示会设法助他偿还债务。关于此事，曾国藩在日记中写道："借得百金买此书，誓以毕生精力研读之，不负父亲期望。"深受感动的他自此闭门不出，潜心研读"二十三史"。

我们无法确知，这一套书对曾国藩的人生产生了怎样的影响，但可以肯定的是，它在他心中种下了对学问的敬畏与追求的种子。

读书贯穿了曾国藩的一生。在他的眼中，读书不仅仅是为了获取知识，更是一种对生命的追求。曾国藩曾言："吾人只有进德、修业两事靠得住。进德，则孝悌仁义是也；修业，则诗文作字是也。"①

对于曾氏子弟而言，读书同样是一门必修的人生课程。曾氏故居也是这一教育理念的写照。

曾氏故居坐落于湖南省娄底市双峰县，其祖屋富厚堂规模宏大、结构独特。其中竟有4个藏书楼，占据16间房，有着800平方米的空间。

自曾国藩始，曾家历经五代，藏书量高达30万卷，堪称我国现存最大的私家藏书楼之一。若以今日标准计量，这些藏书竟有10万多册之巨！

我们可以通过一件事窥见曾家藏书楼之风貌。

曾约农是曾国藩的曾孙，曾赴英国留学，在此期间结交了不少外国友人。抗战期间，曾约农认识的外国友人在美国驻华使馆工作。有一次该友人一行到访湖南，曾约农得知后邀请他们到其老家双峰县来游玩。

远道而来的外国友人来访，曾家上下当然要盛情款待，但这个过程却让这些见多识广的外国友人目瞪口呆。这是为何？

要知道，曾约农的老家双峰县在湘中腹地，当时交通并不便利，其风貌自然跟那些大城市有天壤之别。但是，这些外国友人发现，曾家不少人虽衣着朴素无奇，但却会讲一口流利的英语，这让他们觉得匪夷所思。

曾约农见状，便引导宾客们参观家中的藏书楼。一踏入其

---

① 曾国藩：《曾国藩家书》，海南出版社，1994。

中，琳琅满目的图书便映入眼帘。这里不仅有珍贵的中文古籍，还有大量的英文原著，其中更有一套完整的《大英百科全书》。

因此，我们就不难理解，为何曾家后代在诸多领域都有突出的建树。曾家藏书楼中的图书涵盖了各个领域的知识，为后代提供了极为丰富的学习资源。

事实上，营造一个好的环境，对于孩子的成长而言，有时候往往会起到决定性的作用。这个环境不是物质的环境，而是造就孩子精神、培育孩子品德、增长孩子见识的环境。这样的环境要通过教育来营造，自然就离不开书籍。

大家要知道，为孩子选择图书，也是一门学问。这里面非常关键的一环，就是要观察孩子的兴趣，并尽可能围绕他的成长所需，为他提供充分的资源。

例如当发现孩子对航天怀有浓厚兴趣时，家长应该积极地为他们提供丰富的航天航空类的图书。孩子通过广泛的阅读，不断积累这方面的知识，才能在这一领域打下坚实的基础。同理，如果孩子对医学或书法感兴趣，我们也应提供相应的图书资源，帮助他们在这些领域不断探索和成长。

为什么需要给孩子提供这样的教育环境呢？

因为今天不少家长缺乏对孩子的必要了解，更缺少长远规划。要么人云亦云，不断跟风，要么走一步看一步，摸索前行。

事实上，更为理想的教育方式是家长用心观察孩子，深入了解孩子的兴趣和天赋，并且充分运用各类教育资源为此添砖加瓦。这样才能引导孩子朝着真正热爱的方向发展，而不是盲目地追求所谓的热门行业或高薪职位。

一个人能够从事自己热爱的事业，并以此为生，无疑是人生中最幸福的事情之一。然而，许多家长在教育孩子的过程中，往往忽视了孩子的天赋和兴趣，盲目地为他们规划未来，并不断加大投入力度。他们误以为这样做是在为孩子的成长提供助力，但实际上，却可能给孩子带来无尽的痛苦。

因为每个孩子的兴趣和天赋都是独特的，我们认为对的事情，并不一定适合他们。即使孩子按照家长的期望去努力，也未必能够从中获得真正的幸福。因此，作为家长和教育者，我们应该尊重孩子的内心感受，让他有选择自己感兴趣事物的权利，并努力发挥出他们的潜能。

只有这样，孩子才能够在成长的道路上找到自己的方向，享受学习和工作的乐趣，最终实现自己的人生价值。

节俭为保家之方

曾国藩的治家之道中，令人称道的一点便是其节俭传家的理念。无论曾家如何显赫，曾国藩始终要求子女保持勤俭节约的美德。

曾国藩曾在信中向弟弟们讲述了家族的一段往事：当年他们的曾祖父在程姓人家中求学，正月伊始，家中长辈给了他100文钱作为生活费用。然而，令人惊讶的是，过了5个月后，他仅仅用去1文钱，并将剩下的99文全部还给了父亲。

节俭一直是曾家坚守不移的家风。曾国藩为官之后步步高升，在其进入翰林院后，曾家在当地也算是较为显赫的人家，但是他的祖父星冈公，仍旧自己种菜收粪。

曾国藩跟他的孩子们讲："勤俭自持，习劳习苦，可以处乐，可以处约，此君子也。余服官二十年，不敢稍染官宦气习，饮食起居，尚守寒素家风，极俭也可，略丰也可，太丰则吾不敢也。凡仕宦之家，由俭入奢易，由奢返俭难。尔年尚幼，切不可贪爱奢华，不可惯习懒惰。不论大家小家、士农工商，勤苦俭约未有不兴，骄奢倦怠未有不败。"[1]

曾国藩居官期间，他身上的一衣一袜，都是妻子、儿媳或女儿亲手缝制的。在曾国藩30岁生日那天，家人为他缝制了一件青缎马褂，他平日舍不得穿，只有节庆日或过新年时才穿上。这件衣服，直到他弥留之际还像新的一样。

曾氏祖屋富厚堂之前规模并不宏大。这座宅院的翻新与加盖，实际上是曾国藩的弟弟在他毫不知情的情况下完成的。他的弟弟修缮完毕后，才写信告知他这一消息，并告诉他修缮费用共计7000串钱。

---

[1] 曾国藩：《曾文正公家书》，中国书店出版社，2011。

曾国藩得知此事后，在日记里记下这样的心声："接腊月廿五日家信，知修整富厚堂屋宇用钱共七千串之多，不知何以浩费如此，深为骇叹！余生平以起屋买田为仕宦之恶习，誓不为之。不料奢靡若此，何颜见人！平日所说之话全不践言，可羞孰甚！屋既如此，以后诸事奢侈，不问可知。大官之家子弟，无不骄奢淫逸者，忧灼曷已！"[①]

短短百余字的一则日记，曾国藩竟然一连串地使用了"深为骇叹""何颜见人""可羞孰甚""忧灼曷已"等强烈表达不满和忧虑的词句。曾国藩对此事的态度也就跃然纸上。

曾国藩明确地表示，自己生平最不愿沾染官场的恶习，尤其是不愿做起屋买房这样的事情。他担忧这样的事一旦开始，家族就会逐渐变得骄奢淫逸。为此，他郑重告诉弟弟，他决不会入住这座新楼。曾国藩也说到做到，终生没有再踏入此楼，以此告诉子弟们不可养成骄奢的品性。

身为朝廷一品大员，曾国藩虽俸禄丰厚，但无论大事小情都秉持着节约的原则。他在修缮祖屋这样的大事上倡导节俭，更在日常生活中身体力行。

据载，他的书房布置得极为简单，仅有一张简易木床、一条躺椅、几条木凳、一个茶几和几个木箱子，没有任何多余的摆设和装饰。这种极简的生活态度甚至让他的幕僚们感到惊讶。

---

① 曾国藩：《曾国藩日记》，天津人民出版社，1995。

在饮食方面,曾国藩同样节俭至极。每餐的荤菜往往只有一味,有时甚至完全没有。一碗饭、一道青菜便是一餐。他的妻子甚至会用菜根为他腌制咸菜。在吃饭时,如果遇到未脱壳的谷粒,他会细心地将其剥开,丢弃谷壳,继续享用米粒。有客人来访,他才会额外增加一味荤菜。据说,这种朴素的生活方式使得当时的人们戏称他为"一品宰相",某种意义上也算是对他节俭品质的赞誉。

积善为传家之宝

除节俭持家之外,曾家还传承着另一重要的家风——积善传家。这一理念深植于曾氏血脉之中,正源自《易经》[①]所讲的"积善之家,必有余庆;积不善之家,必有余殃"。

咸丰元年(1851),曾国藩的四个弟弟一同参加科举考试,然而结果却令人失望,他们均未能如愿中榜。面对这样的结果,曾国藩并未责怪弟弟们。他在家书中写道:"以祖宗之积累及父亲、叔父之居心立行,则诸弟应可多食厥报。"[②]他坚信,祖上积德行善,父亲与叔父亦品行高洁,这样的家族福报定会惠及子孙。

[①] 《易经》:五经之一。包括《连山》《归藏》《周易》三部分,现存于世的只有《周易》。
[②] 曾国藩:《曾国藩家书》,海南出版社,1994。

曾家祖先所行善事之多，数不胜数。曾国藩曾记载道："伏念祖父平日积德累仁，救难济急，孙所知者，已难指数。如廖品一之孤、上莲叔之妻、彭定五之子、福益叔祖之母及小罗巷、樟树堂各庵，皆代为筹划，曲加矜恤。凡他人所束手无策、计无复之者，得祖父善为调停，旋乾转坤，无不立即解危。"[①]这不仅是对祖父一生善行的赞美，更是对曾氏家族积善传家精神的生动诠释。

曾国藩的父亲同样继承了这一家风，他在当地扮演着重要的调解者的角色。每当谁家有纷争无法决断时，都会请他出面做最终决断。他不惜花费金钱与时间，以和颜悦色的态度化解纷争，赢得乡邻的尊敬。这种积善之家，自然会养育出曾国藩这样的杰出人物。

传统观念认为，一个家族祖上的德行深厚，其子孙自然会受到庇佑。正如将钱存入银行会获得利息一般，我们也应明确"善行"的概念，建立属于自己的"善德"银行。每天做一件善事，就是在为自己的善德账户积累资金。这种善行的累积，不仅能够泽被子孙后代，也为时代和谐做出重要贡献。

《三字经》说："人遗子，金满籝。我教子，惟一经。"什么东西最重要？不是金钱，是文化的积淀、德行的传承。

古人常说，遇到好事要感恩祖上的德行，遇到坏事化险为夷也是祖上有德的体现。因此，我们不仅要为子孙积德，更要

---
① 曾国藩：《曾文正公家书》，中国书店出版社，2011。

发心为善。这是我们作为人的本分。

曾国藩总结道:"家中要得兴旺,全靠出贤子弟。"[①]子弟贤明与否取决于什么条件?"六分本于天生,四分由于家教。"[②]其中,"天生"与"家教"某种意义上皆可视为与祖上的德行相关联。祖上有德,方能养育出有德行、有作为的伟大人物;反之,则可能培养出败家子。

---

① 曾国藩:《曾文正公家书》,中国书店出版社,2011。
② 同上。

苏　洵

父子千古文豪

"一门父子三词客，千古文章四大家。"这是后人对苏家的评价。一门父子指的是苏洵和他的两个儿子苏轼和苏辙。苏洵27岁以前是个浪荡子弟，27岁后他发愤读书，以自己的行为为孩子做出表率。

苏洵后来成为北宋著名的文学家，和其子苏轼、苏辙以文学并称于世，即"三苏"。父子三人均被列入"唐宋八大家"。

如梦初醒始发愤

在中国文学史上，唐宋八大家犹如璀璨的星辰。他们的美名流传千古，为后世所传颂。而在这八位文学巨匠中，苏家独领风骚，占据了三席。苏洵，与其子苏轼、苏辙，共同铸就了文学的辉煌。

苏洵，曾任秘书省校书郎、霸州文安县主簿。他的笔触深邃，文章铿锵有力。后来，他更是参与编纂礼书，倾注心血于《太常因革礼》一百卷的浩瀚工程，展现了他的博学与才华。

苏洵的两个儿子苏轼与苏辙，自幼便沐浴在书香的氛围中，勤奋好学，通习百家之文。他们不仅继承了父亲的文学基因，更在文学的道路上走出了自己的风采。尤其是苏轼，他的散文如行云流水，诗词如天籁之音，书法与绘画更是独具一格，成为中国文化史上的一位全能巨匠。

苏氏兄弟之所以能在文学上取得如此辉煌的成就，除他们自身的天赋与努力外，离不开父亲苏洵的悉心教导。

浪子回头金不换

那么苏洵是一个怎样的人呢?

苏洵,号老泉,在《三字经》里有一段关于他的描述:"苏老泉,二十七。始发愤,读书籍。彼既老,犹悔迟。尔小生,宜早思。"这句话的大意是,苏洵直到27岁的时候,才开始发愤读书。到他上了年纪的时候,还在后悔当初没早点好好读书。年轻人更应该早早思考这个问题,要把握好时光,发愤读书,不要将来后悔。

为什么苏洵到了27岁才开始发愤学习呢?这跟他的人生经历是分不开的。

苏洵年少时,因父亲健在、家境无忧,并未专注于学业,而是像李白和杜甫一样,游历四方、体验生活。到了20多岁的时候,苏洵仍整日嬉戏游玩。正如他在《忆山送人五言七十八韵》中所写的那样:"少年喜奇迹,落拓鞍马间。纵目视天下,爱此宇宙宽。山川看不厌,浩然遂忘还。"但是即便如此,苏洵的父亲却"纵而不问"。

后来,苏洵在回忆中提及:"洵少年不学,生二十五岁始知读书,从士君子游。"[①]那么,究竟是何原因促使他在25岁时幡然醒悟,决心投身学问呢?

---

① 出自苏洵写给欧阳修的自荐信《上欧阳内翰第一书》。

一种说法认为，苏洵之所以发愤读书，是被兄长和妻弟相继考中进士触动。然而，这种说法似乎与他那种沉醉于山水之乐、不拘泥于功名仕途的性格并不完全吻合。

事实上，个中缘由并非如此简单。

在苏洵24岁那年，他的母亲史太夫人不幸去世了。当时，苏洵的二哥苏涣正在外地做官，闻得此讯，迅速回到故里，离职丁忧，为母亲守孝三年。

苏涣返家后不久对苏洵说，自己有一心愿未了，希望弟弟能够有所助力。苏洵忙问："心愿为何？"

苏涣说："我们家族系出名门。但遗憾的是，我们目前只知道祖先为唐朝刺史苏味道，从下往上推，也就知道祖父叫苏杲、曾祖叫苏祐，中间的来龙去脉就莫衷一是。三弟你既然喜欢游历，不妨找当地的老人聊聊，再去查查相关的记载，借鉴别家族谱的编列方式，然后把我们苏家的族谱编出来呢？"

苏洵一听，这件事既是哥哥心愿，又不像读书那样枯燥，似乎做起来还蛮有意思的，就一口答应下来了。

自此之后，苏洵就开始遍访诸老、查阅典籍，为了弄清家族来历，他为自己列出书单，以便更好地追根溯源。

这样的一番努力，为苏洵带来极大助益。

一则他知悉家族传承之不易，这无形中提升了他对于生命意义的认知。事实上，每个人的生命都并非"我"这一单独个体的存在。在"我"之上，有无数的先辈历尽艰险，将生命的火种传递至今，岂能不珍视之，呵护之，光大之？

二则他看到了自身学识的不足。在整理族谱的过程中，他发现自己因为知识储备不够，常常思之无物、言之无味。这让他下定决心提升自身的能力，以便更好地完成族谱编纂工作。

就这样，苏洵自25岁左右开始决心向学。可能大家这时会提出一个新的疑问，为何《三字经》说他是"二十七，始发愤"呢？

因为，这段时间的苏洵，虽有志向学，但他觉得读书并非难事，对待学业的态度也就较为随意。用现在通俗的话来说，他在这个阶段自我感觉良好，努力程度不够。

但是两年后，现实却给他当头一击。他首次应乡试却名落孙山，这一打击使他如梦初醒。于是苏洵搬出自己的几百篇旧作细读，不禁喟然叹道："吾今之学，乃犹未之学也已！"

他愤然将这些旧稿一把火烧了个干净，取出《论语》《孟子》、韩愈的文章从头再读，立志穷究《诗》《书》经传、诸子百家之学，贯穿古今，并发誓读书未成前，不作任何文章。

这一年，苏洵已经27岁了。后来，文学巨匠欧阳修在为其撰写墓志铭，以及张方平作墓表时，都提到了这一重要转折点，即《宋史》所言："年二十七，始发愤为学。"从此，苏洵的人生翻开了崭新的一页。

立志向贤报亲恩

"翻开了崭新的一页",寥寥数语,看似轻巧,实则千钧。这既有"浪子回头金不换"的决绝与坚忍,更有"立志向贤报亲恩"的深情与厚意。

讲到这里,我们就不得不提在苏洵纵情山水之际,选择了"纵而不问"的父亲。他的名字叫苏序。

当年有人关切地问苏序:"你家的老三苏洵这么不爱学习,你难道不担心吗?"苏序当场没有回答,过了许久,才道出自己的心声:"吾儿当忧其不学耶?"[①],意思是说,我的儿子我了解,我怎么会担心他不学习呢?

苏序的这份从容和自信,源于对儿子的了解和信任。也正因如此,苏洵看似学业上没有长进,但内心却在不断地丰盈着。他纵情山水之间,读天地之书,悟自然之理,获得了其卓尔不凡的见识,也为后期的发愤蓄力。

当然,信任只是基本的起点,苏序给予儿子的,还有很多。

苏洵在《苏氏族谱》中对父亲有这样的记述:

"喜为善而不好读书。……性简易,无威仪,薄于为己而厚于为人,与人交,无贵贱皆得其欢心。……至族人有事就之

---

① 出自苏轼的《苏廷评行状》。

谋者，常为尽其心，反复而不厌。凶年尝鬻其田以济饥者。既丰，人将偿之，曰：'吾自有以鬻之，非尔故也。'卒不肯受。"

苏序这位做好事大于读书的父亲，自然对儿子的"少年喜奇迹，落拓鞍马间"[①]多了份理解和支持。

像苏序这样不摆架子、不拘小节，为自己考虑不多，为别人处处着想，不管对方高低贵贱皆能一视同仁的父亲，对儿孙为人处世之道影响甚大。

苏序还对家族事务非常上心。族人若有事找他商量，他便尽心尽力为族人谋划。这下我们就能理解，为何苏涣会有续谱的想法，苏洵会有续谱的行动，这应该是源于父亲对族务的热衷。

遇到灾荒之年，苏序将自己的田地低价卖掉以救济灾民。那些受到恩惠的灾民在粮食丰收后主动提出要偿还费用，他却说："我本来就有卖掉田地的打算，并不是因为你们。"他坚决不肯接受补偿。

短短数语间，这位博施济众、高出流俗的父亲形象跃然纸上。为史料所限，我们对这位父亲教育子女的过程了解甚微，但苏洵有朝一日能够"立志向贤报亲恩"，离不开父亲的榜样示范和谆谆教诲。

苏洵在回顾自己的人生时，曾动情地说道："知我者，惟

---

① 出自苏洵的《忆山送人五言七十八韵》。

吾父与欧阳公也。"[①]这应该是对一位父亲最好的褒奖。

正是有了这样的苏序，苏洵等后人才有了取之不尽、用之不竭的"能量"之源，也是苏家英才辈出的关键所在。

[①] 出自欧阳修的《故霸州文安县主簿苏君墓志铭》。

身为人父善教导

二子之名有寄寓

苏洵育有子女6人,然长子景先与3个女儿皆早年夭折。北宋景祐三年年末(1037年1月),苏洵27岁,他的妻子程氏生下次子,起名苏轼。3年后,幼子苏辙亦呱呱坠地。在这子女凋零的境遇中,"唯轼与辙,仅存不亡"①,成为苏洵的依靠与希望。

身为人父的苏洵,对孩子的教育十分上心。他还专门写了一篇寄寓深重的《名二子说》,对两个孩子的名字进行论说,甚至对他们的前途作了一番预测。即:

"轮辐盖轸,皆有职乎车,而轼独无所为者。虽然,去轼则吾未见其完车也。轼乎,吾惧汝之不外饰也。天下之车,莫不由辙,而言车之功者,辙不与焉。虽然,车仆马毙,而患不及辙,是辙者,善处祸福之间也。辙乎,吾知免矣。"

---
① 出自苏洵的《祭亡妻程氏文》。

这篇文章虽然不到百字，但被誉为明代三大才子之首的杨慎却对其评价极高。他称赞道："字数不多，而婉转折旋，有无限思意，此文字之妙。观此，老泉之所以逆料二子终身，不差毫厘，可谓深知二子矣。"①

杨慎一方面赞叹苏洵文字之妙，另一方面又感叹其知子之深，他为何会有这样的评价？这与《名二子说》文辞简练、意蕴深远是分不开的。

"轼"与"辙"两字偏旁均为"车"。苏洵认为，无论是行走用的"轮"，还是连接车轮和车毂的"辐"，抑或是提供遮挡的"盖"与固定车底部的"轸"，都有其不可或缺的作用。车上的"轼"似乎没有太大的用处，但是少了它，我们看见的就不是一辆完整的车了。

那什么是"轼"呢？上古时期的车没有所谓的座位，人只能站立车上，所以在车前部安有一根横木，这根横木就叫"轼"，它的主要作用就是作为扶手和挡板，以防止人跌倒。

"轼乎，吾惧汝之不外饰也。"苏洵点题说明为何要给次子取名为轼，即担心孩子过分显露才华而不会掩饰自己。也正是出于这样的担忧，父亲为苏轼取字"子瞻"。古人所取之字往往是名的补充解释，苏洵希望能以此提醒孩子做事要三思而后行，凡事多想多看，不要过于张扬。

---

① 出自明代杨慎的《三苏文范》。

对于幼子为何取名为辙，苏洵也自有一番说辞。

"辙"指的是车轮碾过后留下的痕迹所形成的轨道。它虽是车外之物，但仍是必不可少的。可是论起车的功劳时，没有人会想到"辙"的作用，也正因为如此，车翻马死时，祸患也不会波及辙。车辙，是善于处在祸福之间的。

苏洵知道幼子性格沉稳、处事周全，因此，他最后放心地说："辙儿啊，我知道你是可以免于灾祸的。"他为幼子苏辙取字为"子由"，与其名"辙"相呼应，也未尝没有勉励幼子萧规曹随之意。

不得不说，这篇《名二子说》表现出苏洵对两个儿子的深切的了解，以及随之而来的希冀与忧思。

苏轼和苏辙之后各自的人生轨迹，也在某种程度上印证了父亲的精准预测。

苏轼一生性格豪放、锋芒毕露，恰如苏洵所言，"不外饰"。他的直言不讳使自己多次陷入困境，甚至险遭杀身之祸。然而，也正是他这颗"赤子之心"成就了一位青史留名的文化巨匠。

苏辙则如同父亲所期望的那样，一生淡泊名利、深沉内敛。在复杂的党争中，他虽也曾遭受贬谪，但终能化险为夷，得以安度晚年时光。这何尝不是对苏洵所期望的"子由"的最好诠释？

在现实生活中，许多父母都希望子女能按照自己的意愿发展,却忽略了每个孩子独特的天赋和性格。苏洵的《名二子说》,以及苏轼与苏辙的人生历程,让我们看到苏洵并没有强求两个孩子走相同的道路。这些都在告诉我们,教育不是简单的塑造,而是发现、尊重并引导。

通过《名二子说》,我们看到了在两个孩子名字背后苏洵的寄寓。事实上,在苏氏家族中,命名并非随意之举,而是蕴含着深厚的期望。

苏洵的孙辈,名字为多带有偏旁"辶"的汉字,如苏迟、苏适、苏逊等。这一选择也并非偶然。这个偏旁象征着行动,寓意为希望孩子们能够遵循正道、勇往直前。这种期望背后,体现了家长对后代品行和学识的双重期待,希望他们不仅有远大的志向,还能用实际行动去加以实现。

苏洵的曾孙辈,命名则多采用带偏旁"竹"的汉字,如苏箪、苏符、苏籍等。竹,在中国文化中象征着坚韧、高洁与气节。以这个偏旁命名,意在传承和弘扬竹的品格,期望后辈能像竹子一样,拥有坚韧不拔的意志和高尚的品德。

这种命名方式,对孩子们来说不仅是一种期许,更是对其未来人生道路的一种引导。

遇到难题觅良方

年少时的落拓不羁、中年时的幡然醒悟,让苏洵对"黑发不知勤学早，白首方悔读书迟"有着切身体会。

因此，苏洵决心引导孩子从小走上读书之路，但有时候往往事与愿违，他的两个儿子颇有其父早年之风，一开始对于读书一事也不以为然。面对这样的境况，苏洵并未气馁，也没有批评、指责孩子，他决定换种方法来试试。

每当两兄弟纵情玩乐时，苏洵就有意在他们游玩的地方附近找个角落看书。等两个孩子一靠近，他便把书藏了起来。父亲这样的做法反倒勾起了两兄弟的好奇心。于是，他们趁父亲不在，把父亲藏的书找了出来，并试着读读看。

慢慢的，苏轼和苏辙便被书中的内容吸引，产生了浓厚的兴趣，也因此逐渐养成了读书的好习惯。

苏洵的这种教子策略颇似今人所言的"饥饿营销"——通过巧妙的方式，激发对方的好奇与渴望，从而达成其预设的目的。

我们在感佩苏洵具有育儿智慧的同时，也应该从中获得启发。

反观如今的教育环境，不少父母对孩子"供给过度"。对孩子而言，只要自己想要，一切似乎都唾手可得，这未必是好事。有时候，反其道而行之，往往收效颇丰。

对于当代家长而言，教育孩子不是给予简单的指导，而是要发挥有效的"智谋"。我曾半开玩笑地对家长说，大家不妨从《孙子兵法》或《三十六计》中汲取灵感。

孩子的成长过程，不可避免地会遇到各种各样的问题。这些问题如同"战场"上的对手，总在不断地变化与成长，这个时候就非常考验家长的内在智慧和应对策略。

当然，教育绝非一时之功。引导孩子爱上阅读，只是苏洵在教育方面的第一步。接下来，他又花了不少时间进行"陪读"。

所谓"陪读"，并不是我们今天所理解的那样，孩子做作业的时候，家长在边上指手画脚，而是跟孩子共同阅读、共同思考、共同讨论。

在苏洵的家中，每当夜幕降临、灯火阑珊之际，父子三人便会围坐在炉火旁，沉浸于谈古论今的温馨氛围中。这种习惯成为他们生活中不可或缺的一部分，伴随着他们度过了无数个宁静的夜晚。

苏洵以深邃的历史眼光和独到的见解，为孩子们剖析历史事件的前因后果，以及对生活在当前社会的人们的启示。他的言辞犀利而又富有智慧，使得苏轼和苏辙在倾听之余，也不禁为父亲的博学多才所折服。

作为家中次子的苏轼思维活跃，常常能提出新颖的观点，这为父子间的讨论增添了无尽的趣味。苏辙虽然年纪尚幼，但也经常能提出一些发人深省的问题，这样的提问让父子三人对事件进行了更深入的思考。

这段谈古论今的时光，成了父子三人一生中宝贵的财富，也为他们取得卓越的成就提供了一定的助力。

穿越历史的风云，我们可以确知的是教育好子女，绝非一蹴而就。对于苏洵这位父亲而言，面对如何让孩子爱上读书、学会思考等问题时，可能也会暗自神伤、辗转反侧，但往往成败转折就在一念之间。面对考验与难题，他没有置身事外，也没有寄希望于外界，而是选择躬身入局，与孩子一同探索、相伴成长。

这种投入，既是父亲的责任，亦是男人的担当。

教子有道讲平衡

苏籀，字仲滋，为苏辙之孙、苏迟之子。十余岁时，他便开始侍奉祖父苏辙于颍昌，历时9年，始终如一地陪伴在祖父身旁。这段宝贵的经历被他详细记载于《栾城遗言》[①]中，成为后人了解苏辙人生历程的重要资料之一。

书中提及一桩趣事：苏籀的伯祖父苏东坡在年幼时就展现出文学天赋，创作了《却鼠刀铭》，而祖父苏辙亦不甘示弱，挥毫写下了《缸砚赋》。曾祖父苏洵对这两篇作品赞赏有加，特意命人用优质纸张抄写，精心装裱后悬挂于居所的墙壁上。

我们经常说，以小见大。苏洵这个做法背后，有着怎样的深意？

比如有位7岁的小朋友，有一天突然心血来潮，写出了人生中的第一篇"作文"："今天天气很好，我非常高兴。"

[①] 《栾城遗言》：也称《栾城先生遗言》或《乐城遗言》，是宋代苏籀撰写的一部笔记。此书为追记祖父苏辙之言，以示子孙。

然后，他满怀自信地问家长："爸爸，我今天也开始写作文了，我写得好不好？"

我们假设有甲、乙两种类型的爸爸，他们对待这件事的态度分别是这样的：

甲爸爸看了一眼孩子的"作文"，语重心长地说："你这个怎么能叫作文呢？我给你买本作文书，你看看里面的范文，看人家写得多好！"

甲爸爸这样的回应，好像是实事求是，但无形中给孩子"泼了一盆冷水"。这盆冷水可能会把孩子刚萌发的写作热情给浇灭了。

乙爸爸认真看了孩子的"作文"，边看边读出声来，然后非常欣喜地告诉孩子："你现在才7岁，刚上小学就已经开始写作文，还写得非常不错，爸爸要为你点赞。你知道吗，我国历史上有一位非常著名的文学家叫苏东坡，他很小的时候也会写作文。他写得特别好的，他的爸爸还会专门给他贴起来呢！我觉得你的第一篇作文写得不错，也值得贴起来，我帮你贴起来！"

于是，乙爸爸将孩子的作文贴在家中显眼处，然后在下面加上备注："这是我儿子的第一篇作文。"

乙爸爸通过赞美并展示孩子的作品，让孩子感受到认可。这种正面的反馈会激励孩子继续投入其中，从而在未来的道路上走得更远、更稳。

无论是苏洵真实的教子故事,还是前面所列举的两种做法,其实都在告诉我们:作为家长,需要"看到"孩子,需要"点亮"孩子的梦想。

当然,"看到"与"点亮",绝不是偶然想到就做一下,而是持续地关注与鼓励。我们可以从苏轼本人所作的《天石砚铭》中,看到相应的佐证:

"轼年十二时,于所居纱縠行宅隙地中,与群儿凿地为戏。得异石,如鱼,肤温莹,作浅碧色。表里皆细银星,扣之铿然。试以为砚,甚发墨,顾无贮水处。先君曰:'是天砚也,有砚之德,而不足于形耳。'因以赐轼,曰:'是文字之祥也。'轼宝而用之。"

在这篇文章当中,苏轼讲述了这样一件事,他在12岁时有一次和朋友玩游戏,无意间挖出一块石头。他试着用来做砚台。父亲苏洵看到之后,将其称为"天砚",并告诉苏轼说,"这是你文章发达的祥瑞之兆"。因此,苏轼无比珍惜,"宝而用之"。

十来岁的孩子无意中获得的一块石头,父亲说这是上苍所赐的"天砚",并且非常肯定地告诉他,这是"文字之祥"。这算不算是苏洵对孩子的另一种"看到"和"点亮"呢?

苏轼曾说:"某平生无快意事,惟作文章,意之所到,则笔力曲折,无不尽意。自谓世间乐事,无逾此者。"[①]我想,

---

① 出自何薳的《春渚纪闻》卷六。

苏轼之所以把写作视为"世间乐事",这与父亲苏洵在他成长过程中的引导是分不开的。

不止苏轼和苏辙,其实每一个孩子都需要被"看到",每一个孩子都需要被"点亮"。

当我们真正"看到"孩子时,我们才能窥见深埋于他们内心的宝藏——那些未被触及的梦想与无尽的潜能。

其实,每个孩子都有独特的色彩,有的如春日里的绿柳,充满生机与活力;有的如夏夜的星空,深邃而神秘。只有当我们用心去观察、去感受时,才能发现这些真正的宝藏。

除了"看到",家长还应该成为孩子生命中的光,用肯定的眼神、鼓励的话语、用心的陪伴,为他们点亮心灯,照亮前行的道路。

当然,好的教育应该是一种平衡的状态,除了"看到"与"点亮",还需要提供其他的支持。这些,我们在苏洵的家庭教育中亦可以窥见。

曾经,已届花甲之年的苏轼在《夜梦》一诗中,描绘了这样的情景:

他梦见自己正在嬉戏游玩时,父亲苏洵突然前来检查他的功课。原本计划应该读完《春秋》的他,却发现自己只读到开头的关于鲁桓公、鲁庄公的部分。他猛然惊醒,心中的惊恐如同被挂起来的鱼一般难以平复。

大家可以想象一下,即便在60多岁时,苏轼仍然对那个未能读完《春秋》的梦境心生恐惧,这也反映了父亲苏洵在教育方面的严格要求。

这种严格要求并非无理的压迫,而是基于对孩子成长的了解。苏辙曾提到:"我性本疏懒,父母强教之。"①

如果将童年时期的苏轼和苏辙相比较,弟弟苏辙应该会是大部分人眼中的"乖孩子"。即便是这样的"乖孩子",他小时候在学习上仍然不自觉,甚至会有偷懒的情况发生,还要靠父母的"强教之"。这种"强制"其实也是源于对孩子未来的深远考虑。

只有这样,才能培养出真正"优秀"的孩子。

---

① 出自苏辙的《次韵子瞻和渊明饮酒二十首》其一。

司马光

为万家立典范

他6岁开蒙读书，7岁熟背并理解《春秋左氏传》；他天赋异禀，少年时期便因"砸缸救友"的英勇事迹而名震京洛；他还主持编撰了中国历史上第一部编年体通史《资治通鉴》。

他一生俭朴，为人正直，做事用功，苏轼为其亲撰墓志铭并评价道："公忠信孝友，恭俭正直。"

有口皆碑温国公

司马光，生于宋真宗天禧三年（1019）农历十月十八日，陕州夏县涑水乡（今属山西省）人，世称"涑水先生"。很多人认识司马光，是从"司马光砸缸"的故事开始的。

司马光小时候跟小伙伴在花园里玩，有个孩子没留神，失足跌落到装满水的大缸里。其他的小伙伴都跑掉了，周围也没有大人。就在这千钧一发之际，司马光搬起一块大石头把缸砸破，水流了出来，掉进缸里的孩子也得救了。

通过这件事，我们可以看出司马光从小就沉着冷静、善于思考、才智过人。在父亲司马池的悉心教导下，他6岁开蒙读书，7岁时已能熟背并理解《春秋左氏传》。步入仕途后，司马光凭借卓越的才华和学识，先后担任谏议大夫等重要职务，最终官至宰相。

除政治成就外，司马光在史学领域的贡献尤为突出。他主持编撰了鸿篇巨制《资治通鉴》。这部编年体史书跨越1362年，共294卷，详细记述了自周威烈王二十三年（前403）至五代后周世宗显德六年（959）间的历史变迁。该书被誉为"史学双璧"之一，对后世的历史研究产生了深远影响。可以说，他是我国古代杰出的政治家和史学家之一。

俭素之风传后人

奢靡作风要不得

司马光虽然工作繁忙，但在子女的教育方面一点也不马虎。对于孩子的品德教育、习惯养成，他都有自己的教育方式。在儿子司马康即将出仕任官时，他专门撰写了《训俭示康》，告诫司马康应树立节俭的观念。

《训俭示康》共千余字，以"吾本寒家，世以清白相承"开篇，从自己的生活经历和日常见闻出发，告诉儿子"俭能立名，奢必自败""由俭入奢易，由奢入俭难"等道理，深入浅出地对儿子进行了细致的教导。

司马光在《训俭示康》里向儿子分享了几则小故事，现在读来仍发人深省。他说："我小时候，大人要给我穿华丽的衣服，我总是感到羞愧而不愿意穿。等我考中进士后，别人都要戴花，唯独我不愿戴。同榜进士劝我说：'这是皇上的恩赐，请不要违抗。'我才在头上插一枝花以示尊敬。其实我认为，平时穿的能够御寒，吃的能够让人不饿，也就可以了，不必浪费。但是，很多人不懂这个道理，老笑我寒酸。我自己并不感到后悔。"古人大都把节俭看作美德，可有些人竟以为节俭等于寒酸，真是奇怪！

司马光又说，近几年来，风俗崇尚奢靡，人们开始讲排场、摆阔气，当差的穿的衣服和士大夫的差不多，就连农夫脚上也穿着丝绸做的鞋子。为了酬宾会友，宴请的食物要丰盛珍稀，筹办时间长达几个月，然后才敢发出请柬。对此，他不禁慨叹道："有权势的人即使不能禁止这种风气，又怎忍心加以助长呢？"他说这些，就是希望儿子继承节俭的家风。

有德者皆由俭来

司马光不仅自己崇尚俭朴，还大力提倡节俭这一美德。他在《训俭示康》里赞扬了宋真宗、仁宗时期的李沆、鲁宗道和张文节等官员节俭的言行。他说有德行的人都是力行节俭，并告诫儿子司马康不仅要约束自己，更应垂范后代。

为了让儿子有更深刻的理解，司马光特意举了宋仁宗时的宰相张文节的例子。张文节当了宰相之后，依旧保持着过去担任地方小官时的俭朴作风。有人不理解，问他为何要这样做。张文节说："我现在的俸禄足够全家人锦衣玉食了。然而就人之常情而言，由节俭进入奢侈很容易，由奢侈回到节俭就困难得多了。难道我能够一直拥有这么高的俸禄?难道我能够一直活着?如果有一天我罢官或去世,情况就与现在不一样了。过惯奢侈生活的家人不能立刻变得节俭,那时候他们一定会无法适应,以至于最后无立身之地。倒不如一直这样俭朴地生活着。"

"由俭入奢易,由奢入俭难"①,这是大贤者的智慧之言;保持俭朴的生活作风,这是大贤者的深谋远虑。对我们现在的人来说,这何尝不是振聋发聩的启示呢?今天的我们比过去任何时代的人们都富裕多了。不少人也开始摆阔气、讲排场,挥霍无度,这种浪费的风气已渐渐影响下一代了。这样的情况应该引起我们的重视。正如司马光援引春秋时鲁国大夫御孙的话:"俭,德之共也;侈,恶之大也。"②节俭是人类最高的品德,也是家族兴旺的根本,应教育孩子厉行节俭、洁身自爱。

成由勤俭败由奢

短短一篇《训俭示康》中,司马光还总结了历史上那些因受祖上荫庇不能自立而走向没落的显贵之后的教训,告诫儿子:"以俭立名,以侈自败者多矣。"

---

① 出自司马光的《训俭示康》。
② 同上。

司马光说，当年公叔文子在家中宴请卫灵公，极尽奢华，看到这一幕的史鰌推算说公叔家必然会遭到祸患。果不其然，其子公叔戌因豪富无道而获罪出逃。晋代的大臣石崇，其父是开国功臣，官至大司马。他的家世不可谓不显赫，但其以奢侈靡费为世人所不齿，最终殒命于刑场之上。

纵观历史，我们不难发现，一个人无论地位如何，奢靡行事往往会导致身败名裂、家族没落。在历史领域有着深入研究的司马光，对于这个道理显然比大多数人认识得更深刻。他说："如果一个人有节俭的品行，就能最大程度地减少欲念；一个有地位的人，少私寡欲就不容易被外物役使，这样就可以保守正道。而那些没有什么地位的人，如果不起贪念，就能够做到节省开支，从而避免因贪求财物而走向歧路。"

司马光感叹道："奢侈与贪欲往往如影随形。一个人若沉溺于奢侈，则必然滋生贪欲；身居高位者若贪欲过炽，必将痴迷权力。这样势必会背离正道，也终会招致祸患；而平民百姓若贪求无度，无法量入为出，也终将身家不保。"

三两句话间，司马光就把奢侈招致灾祸的原因给解释清楚了。"成由俭，败由奢"，奢侈引发欲望，而人的欲望是无穷无尽的。许多人在不断满足自己欲望的过程中慢慢变得心灵污浊。当他们所拥有的资源难以满足自己的欲望时，就会偏离正道、走向邪路。

换一种身份看，同样作为一位父亲，我能从这篇《训俭示

》中感受到一位父亲对子女未来的希冀。他希望自己的孩子可以持身守正，成为一个品行高洁的人。司马光对儿子的教诲并不仅停留在口头教导，而是以身作则，让自己成为儿子的榜样，这也正是值得我们学习与借鉴的地方！

习惯养成无小事

除了教育孩子要节俭，司马光还注重孩子的习惯养成。

有一次，他看到儿子司马康用指甲抠书页。他非常生气，认为这是不爱护图书的表现。于是，他向儿子认真地传授了自己的经验与方法：读书前，先把桌子擦干净，垫上桌布；读书时，要坐姿端正；翻书时，要先用右手拇指侧面将书页的边缘轻轻托起，再用食指揭开。他还告诫儿子，读书人就应该好好爱护图书。

很多父亲在管教孩子时总会疏于细节，但细节往往最能凸显出一个人的品质。像这类生活上的小细节，司马光都注意到了，可见他是一个十分有心的父亲。

司马光不断告诫孩子："读书要认真，工作要踏实，生活要俭朴。"这些要求，表面上看都不是什么惊天动地的大事，然而正是这种看似平凡的要求，才得以筑起道德的大厦。有了这样良好的基础，修身、齐家，乃至治国、平天下才不会沦为一句空话。

殚精竭虑作《家范》

经典为纲史为鉴

如果说《训俭示康》是为一人而作,那么司马光的另一部作品,就可以说是为天下人而作。这部作品就是《家范》。

《家范》历来被奉为家庭教育的圭臬,全书共10卷,全面而系统地阐述了古代家庭中的伦理关系、治家方法,以及个人的身心修养和为人处世等方面的道理。

该书广引儒家经典,其中关于治家与修身的箴言对后世影响深远。更为难得的是,书中还收录了历史上大量治家有方的实例,为后人提供了可供参考的样板。

据史书记载,唐代名臣狄仁杰有《家范》10卷,遗憾的是,这部作品已经失传。司马光沿用其书名,创作出这部全新的家教名作,旨在为后世提供一套系统且实用的家庭教育指南。该书开篇即摘录《周易·家人》卦辞及《大学》《孝经》《尚书·尧典》《诗经·大雅·思齐》等经典篇章,为全书奠定了坚实的理论基础。

从《治家》到《乳母》共19篇，内容丰富，既有对历史的深刻反思，又有作者独到的见解。司马光强调，治家的最高境界在于"礼"，无论是为人祖父母、父母还是子女，都应恪守各自的道德职责。祖父母应以义训导子孙，以礼法齐家；父母要深爱子女，并教导他们行义；母亲不仅要慈爱，更要懂得教育子女；而子女则应将孝道视为天经地义，作为行动的最高准则。

司马光自己也认为，《家范》比《资治通鉴》更重要，即"欲治国者，必先齐其家"①。可见，对他而言，齐家是治国的第一步，也就可以想见，他为何如此重视家庭教育了。

治家有道礼为先

在《家范》中，司马光明确提出了"以礼为先"的理念。他将这一理念贯穿于家庭教育的各个层面，使之成为维系家庭、塑造家风的根本准则。

正如《礼记·曲礼》所言："道德仁义，非礼不成；教训正俗，非礼不备。"在司马光看来，礼不仅是外在的规范，更是内心的修养。他强调身为家长者，必须以身作则、恪守礼

---

① 司马光在《家范》卷首引用《大学》里的一段话，来阐明他写《家范》的目的。

法，成为子女的榜样。

在日常生活中，司马光更是严于律己，以自身的言行践行礼的精神。据《宋史》记载，其"居处有法，动作有礼"，无论是言谈举止还是待人接物，都严格遵循礼法规范。

在《家范》中，司马光还特别指出"父慈子孝"这一家庭伦理观。他将"父慈"置于"子孝"之前，凸显了父母对子女的慈爱和教育的重要性。

司马光认为，"子不孝父不慈，其罪恶均等"。正如《颜氏家训·教子》所言："父母威严而有慈，则子女畏慎而生孝矣。"在司马光看来，为父之道关键在于严慈相济，若父母过度溺爱子女，子女则易放纵无度、德行败坏。因此，他强调父母在教育子女时要恩威并施，既要给予关爱，又要进行必要的管教。

据《宋史》记载，司马光自己就是孝顺父母、友爱兄弟、忠诚守信、恭敬节俭、正直有法度、言行合礼节之人。他品行高洁，深受当时社会各界的敬仰和爱戴。辽、夏等国的使者在造访大宋时，都会特地询问司马光的起居情况，甚至以能见到他为荣。

在司马光的悉心教导和身体力行的影响下，他的儿子司马康也成长为一名德才兼备的官员。《宋史》中赞誉司马康"为人廉洁，口不言财"，这不正显示了司马光以礼治家理念的成功吗？

除了教育子女，司马光还非常注重调节家庭中的关系。

在《家范》中，他详细阐述了夫妻、婆媳、兄弟等家庭关系的相处之道，强调了以和为贵、以礼相待的重要性。他认为家庭成员之间应该相互尊重、相互关爱、相互帮助，共同营造和谐温馨的家庭环境。

司马光的家庭教育理念对后世产生了深远的影响。他用自己的言论和实践告诉我们，家庭教育并非简单的说教和训斥，而是需要家长以身作则、以情感人、以理服人。只有这样，才能培养出品学兼优、有责任感、有担当精神的下一代。

爱不偏私有公义

在《家范》中，司马光还旗帜鲜明地提出，想要家庭和谐，就应"爱不偏私"。

司马光深知父母对子女情感的偏向是引起家庭纷争的祸根，它如同毒草，滋生出怨恨与不信任，让家庭的和谐氛围荡然无存。一旦家长失去了应有的公平与公正，猜疑与疏离便会在家庭成员间蔓延，使得家长的命令变得苍白无力，对家庭的掌控也随之削弱。

在财产问题上，这种"爱不偏私"的原则显得尤为重要。司马光深知"怨之所生，生于自私"的道理，他认为在家族中应摒弃私欲，以公理和公义为准则，实现真正的和睦。

无须讳言，利益往往是激发私欲的诱因，特别是在家族财产的分配上，稍有不公，便可能引发父子兄弟间的矛盾与争斗。

因此，司马光极力推崇平均分配的原则。他说自己遍览史书后发现，那些能够世代同堂的大家族，无不秉持公平与公正的原则。他也因此提倡家族成员同居共财，轻利重义，以消除因财产分配不均而导致的家庭纷争。

值得一提的是，司马光在子女教育问题上也同样秉持着"爱不偏私"的理念。他明确反对"女子无才便是德"的陈腐观念，在《家范·卷六·女》中旗帜鲜明地提出"谁说女子不如男"的观点。他通过讲述缇萦上书救父等历史故事，让人们认识到女性同样可以拥有出色的才能。司马光认为，女性知礼义、守礼法，不仅有助于她们在夫家立足，更能促进家族间的和睦。因此，他鼓励女性学习诗书、增长见识，以达到知礼义的目的。

总的来说，司马光的"爱不偏私"理念贯穿于他家庭教育思想的始终。他强调公平与公正在家庭关系中的重要性，提倡以公理和公义为准则处理家庭内部事务。这些思想，也为我们今天处理家庭关系提供了参考。

须以德业遗子孙

司马光在《家范》中设有"祖篇"，深刻阐述了祖辈们的家庭教育理念。

司马光指出:"为人祖者,莫不思利其后世。然果能利之者,鲜矣。"这里揭示了一个普遍现象:祖辈们虽深谋远虑,想要为子孙铺就坦途,但真正能让子孙受益的却寥寥无几。

何以至此?司马光进一步剖析道,祖辈们竭尽全力为子孙积聚田产、房产、粮食和财宝,总以为这样便能确保子孙后代衣食无忧、享尽荣华。然而,他们却忽略了用道义和礼法来教导子孙,忽视了家风的传承和品德的培养。结果往往是,祖辈们辛苦一生积攒下来的财富,在子孙的挥霍无度中迅速流失了。

这些子孙不仅不感激祖辈的养育之恩,反而嘲笑他们的迂腐和吝啬,甚至虐待年迈的祖辈。有的子孙在祖辈尚在人世时,便迫不及待地窃取家中财产以满足私欲;有的则擅自借贷、挥霍无度,待祖辈离世后再以遗产偿还债务。更有甚者,为了早日继承遗产,竟对病重的祖辈置之不理,甚至痛下杀手。

司马光对此痛心疾首,他指出:这些只知为子孙积攒物质财富而不注重品德培养的祖辈们,实则助长了子孙的恶习,最终也害了自己和整个家族。

司马光以一位士大夫为例,生动地说明了这一点。这位士大夫家境殷实,祖先是开国名臣。然而他本人却异常吝啬,只重视家财的积蓄。当他病重时,子孙趁机偷走钥匙、瓜分家财。他苏醒后得知一切,气急败坏、一命呜呼。而他的子孙们却无一人痛哭哀悼,反而为争夺家财大打出手。这便是只知有利、不知有义的后果啊!

司马光强调,生活所需固然不能缺少,但过分追求物质财富却是愚蠢的。对子孙的教育才是最重要的投资,"虽积金满堂室",若子孙无德无才,终究是一场空。

与上述祖辈不同,古之圣贤深知遗德不遗财的道理。他们注重培养子孙的品德和才能,以德、礼、廉、俭等优良传统为家风。如舜帝美德传世、周文王修德积功、孙叔敖教子拒田、疏广散金于乡、周本乐善好施、杨震清白传家、张文节深谋远虑等,这些都是遗德不遗财的典范。

司马光对这些为人祖者给予了高度评价:"此皆以德业遗子孙者也。"他们的智慧和远见值得后人学习和效仿。

作为家长,我们应该注重培养孩子的品德和才能,让他们成为有用之才,为社会做出贡献。这才是真正的爱孩子、利后世!

颜之推

家训集大成者

他说:"人生小幼,精神专利,长成已后,思虑散逸,固须早教,勿失机也。"他说:"父母威严而有慈,则子女畏慎而生孝矣。""上智不教而成,下愚虽教无益,中庸之人,不教不知也。"

他是中国家庭教育的集大成者。他所著的《颜氏家训》是中国历史上第一部体系宏大且内容丰富的家训,开中国家训之先河。

家训由此开新篇

肇启家训之先河

颜之推(531—约597),字介,生于江陵(今湖北省江陵县),祖籍琅琊临沂(今山东省临沂市),是南北朝时期的文学家和教育家。

他年少时便不喜虚谈,自己研习《仪礼》《左传》。他博览群书,为文辞情并茂,得到南朝梁湘东王萧绎的赏识,19岁时被任命为国左常侍。尽管颜之推一生历经多个朝代,仕途坎坷,但他在学术与教育领域却留下了深远的影响。

在教育方面,颜之推撰写的《颜氏家训》被誉为开家训先河的著作,其以完整严密的系统,成为古代家庭教育的范本。

《颜氏家训》的影响跨越时空,历代学者均对其推崇备至,视其为家庭教育的瑰宝。受其启发,后世家训如雨后春笋般出现,共同塑造了中华民族独特的家训文化景观。可以说,它不仅开启了中国古代家训的新篇章,更以其深远的影响，持续滋养着中华民族的家庭教育事业。

得益于这样一部精湛的家教宝典，颜氏家族的繁荣昌盛自然也是水到渠成的。颜之推的3个儿子都在各自的领域内取得了显著成就。长子颜思鲁一生担任了多个重要官职，如校书郎、东宫学士等，他学识渊博，长于诂训，在当时的学术界颇受赞誉。次子颜愍楚也是一位杰出的学者，他在音韵训诂学方面有深厚的造诣，著有《证俗音略》等作品。三子颜游秦则在武德初年被任命为廉州刺史，被封为临沂县男，在政治和军事方面都有一定的成就。

好家风必定世泽绵长，因而到了颜之推的孙辈时，颜家仍然人才辈出，以其长子颜思鲁一脉的后裔为例。长子颜师古是唐初优秀的经济学家、语言文字学家和历史学家；次子颜相时身居谏议大夫、礼部侍郎等高位；三子颜勤礼为训诂学家，官至崇贤弘文馆学士。另外值得一提的是，唐朝名臣、书法巨匠颜真卿，也是颜之推的后人。

颜之推的子孙们都深受其家庭教育的影响，他们的成就不仅彰显了颜氏家族的家风，某种意义上也证明了颜之推家庭教育理念的成功。

序致第一袒心迹

《颜氏家训》共二十篇，首篇"序致第一"中，颜之推坦言创作家训的初衷。他说,古代圣贤们的思想流传于世,教导人们要孝顺忠诚、言语谨慎、行为检点、建功立业等。以上这些内容早已被阐述得详尽无遗。自魏晋以来,诸多学者在传达这些思想时已是陈词滥调,犹如在屋内再筑一室,在床上又添一床,颇显画蛇添足。

因此,颜之推毅然决定撰写《颜氏家训》。他并非意在为世人立下新的道德准则,而是期望借此梳理传世家风,为子孙后代提供警示与指引。

颜之推说,同样的话语,由其出自亲近之人口中说出则更受信赖;相同的命令,若由敬佩之人传达就更易落实;在制止孩童无理取闹时,师友的规劝往往不如抚养他的婢女的直接指令;在平息兄弟间的争端时,即便是尧舜这样的圣贤亲自教诲,也难以比拟妻子温柔劝解的效果。

因此,他希望自己编撰的《颜氏家训》能够成为世人心中的灯塔,愿它所蕴含的智慧与力量,能超越婢女对孩童、妻子对丈夫的影响,成为指引家庭前行的明灯。

俗话说,凡事发生必有其缘由。颜之推之所以会有这样的想法,其实跟他自己的成长经历是分不开的。颜之推回忆道,得益于良好家风,他自幼便跟随兄长们学习孝敬尊长之道。早晚侍奉双亲时,他特别留心自己态度的恭敬和言行举止的得体。而那个时候,来自父母的关怀与教导,也如春风化雨般滋润着他的心田。

然而，在颜之推9岁那年，他的父亲骤然离世，家庭陷入了巨大的变故之中，生活的艰辛与困顿接踵而至。尽管兄长们竭尽全力抚养他成人，但囿于种种困境，兄长们对他的教育也难免有所疏漏。就在这个时候，他受到了一些朋友的不良影响，并逐渐被放纵轻率的习气侵蚀。直到青春年华已过大半，他才幡然醒悟，并开始努力改正自己的缺点与错误。

然而，改掉经年累月养成的习惯绝非一朝一夕能做到的，很多不良习惯已经扎根于他的行为模式之中，难以拔除。

随着年龄的增长与人生阅历的积累，颜之推逐渐学会了不断反省与自我约束。这个时候的他迫切希望自己能够回归正途，然而善良本性与贪婪私欲之间难以平衡，道德认知与不良习惯之间长期存在矛盾，这些内心深处的挣扎与矛盾，都让他陷入了深深的自责与悔恨之中。

每当夜幕降临之时，他就会深刻反思白天所犯下的过失，并为此感到不安，甚至到了第二天醒来时，他依然会对昨天所犯之错感到懊悔不已。这种知错但却无法及时改正的遗憾一直如影随形，成为他心中永远的痛。

可喜的是，颜之推终于摆脱桎梏。但这一路行来甘苦自知，作为过来人的他，会比别人更明了习惯须养成，道德要规范，人生尚指引。正因为如此，他决定倾注心血撰写《颜氏家训》，以启后人，以示未来。

教子关键须谨记

在交代家训创作的缘起之后,颜之推直奔主题,将第二篇定为"教子",详细地阐述了他对于子女教育的独到见解。该篇既有关键理念,又有实用方法,甚至还有教子案例,既显示了颜之推的远见卓识,又足以为后世借鉴。

在"教子第二"开篇,颜之推指出:在这个世界上,有些人天赋异禀,无须教导便能出类拔萃;而有些人,即便倾尽全力去教导,也难有长进。但这两类人,人数不多,在这世间大多数人只是资质中等的普通人,他们需要教育的引导才能开启智慧之门,这就是教育的意义所在。

只言片语间,教育的重要性已然明晰,无须赘述。至于教育究竟应从何处着手,让我们继续聆听颜之推的教导,一同探寻教育的奥妙之道。

圣王自古有胎教

凡事皆有起点，那么教育的起点为何？颜之推说："古者圣王，有胎教之法，怀子三月，出居别宫，目不邪视，耳不妄听，音声滋味，以礼节之。"

至高无上的"圣王"与人生之初的"胎教"，看似风马牛不相及，但颜之推却让其在开篇处一同"出场"。他说，古代的圣明君王，有实施胎教的方法。

"圣王"为何重"胎教"？因为胎教之法，不只是普罗大众的教育选择，也是君主治理天下的关键所在。

既然胎教这么重要，那大家可能会很好奇，中国历史上第一个接受胎教的人是谁？西汉刘向所著的《列女传》曾给出了答案，这个人姓姬名昌①，就是大名鼎鼎的周文王。

史载姬昌之母太任在怀孕时，便采用了科学合理的胎教手段。受到良好胎教的姬昌，自出生起便显露出异于常人的灵慧，深受祖父古公亶父②的喜爱。

彼时正值殷商之世，古公亶父为周人首领，统治一方。他膝下育有三子，其中姬昌之父季历排行第三。在当时严格的嫡

---

① 姬昌（前1152—前1056），姬姓，名昌，古公亶父之孙，季历之子，其父逝后，继承西伯侯之位，故称西伯昌。在位四十二年后，姬昌称王，史称周文王。
② 古公亶父，姬姓，名亶（dǎn），又称周太王，上古周氏族的领袖，周文王祖父，周王朝的奠基人。

长子继承制下,季历并无继承家业之权,这意味着作为季历之子的姬昌也与族长大位无缘。

然而,古公亶父对姬昌的厚爱众人皆知,同时,姬昌的品德才华也赢得了家族的一致认可。在深思熟虑之后,古公亶父的长子和次子相继做出了放弃继承权的决定,姬昌的父亲季历自然而然继承首领之位。

继位后的季历不负众望、励精图治,为周国的昌盛做出了杰出贡献。当季历离世后,姬昌继承了父亲的遗志,并以其仁厚之心和高卓之智,使周国虽无"共主"之名,但却成为天下人心中的"天下共主",最终开创了周朝近八百载江山。

现今社会,许多人误以胎教为西方舶来品,实则大谬。

事实上,"胎教"一词的发源地在中国,古代的诸多文献中均有关于胎教的论述。汉代典籍中就曾出现与胎教息息相关的内容。

西汉初年的杰出政论家与文学家贾谊,在他的《新书》中有专门论述胎教的篇章。在他看来,胎教不是母亲在孕期对胎儿进行简单照料,而是母亲通过言行举止对胎儿产生综合影响。他特别强调,在孕期母亲要有规律之作息、健康之饮食、平和之心态、稳定之情绪,同时可通过聆听音乐、欣赏画作、阅读图书的方式丰富精神世界,并避免任何可能对胎儿造成负面影响的不良刺激。

在唐代,伟大的医学家孙思邈在《备急千金要方·妇人方上·养胎第三》中详尽地阐述了逐月养胎的精细方法。他认为孕妇在孕期应调整心态、保持平静、节制欲望，以达到身心清净与和谐的状态。这样的生活方式不仅有利于孕妇自身的健康，更能为胎儿营造一个优越的生长环境。

宋代著名医学家陈自明则在《妇人大全良方·胎教门·妊娠总论第一》中将胎教的研究推向了新的高度。他认为良好的胎教能够塑造孩子未来的性格品质，使其具备善良、长寿、忠诚、仁义、聪明且健康等特质。这一观点不仅凸显了胎教在孩子成长过程中的基础性作用，更彰显了其在孩子人生发展中的深远意义。

时至清末民初，康有为、蔡元培等都高瞻远瞩地提出了创建"胎教院"的先进理念。他们希望通过专业化的机构，为孕妇提供科学系统的胎教指导与服务，培养出更加健康聪慧的下一代。

这些历史的印记，无一例外都是颜之推所提及的"古者圣王，有胎教之法"的生动写照。我们从中不仅能够学习到实用的胎教方法，更能领悟到中华民族在文化教育上的深厚底蕴。

婴稚正是教育时

教育的起点为胎教。那么之后呢，在教育上我们还有什么需要特别注意的地方？颜之推认为，教育子女应该尽早开始。他说，在贵族家庭，当孩子还很小的时候，就要用孝、仁、礼、义等道理来教育他们，引领孩子走上正确的人生道路。普通的老百姓也应该在孩子会识别大人的脸色、懂得别人的喜怒时，对他们进行正确的教导。叫他做该做的事，他就会认真去做；叫他不做不好的事，他就不做。这样等他长大，就可以避免因过错而受罚了。

颜之推告诉我们，无论是贵族还是百姓，在教育上没有差别。从心愿上来说，他们都想把孩子教育好；从行动上来说，他们都应该在孩子年幼时予以正确的引导，使其明辨是非、言行有度。

家长们要知道，唯其如此，才能防患于未然，避免孩子在长大后因无知或疏忽而犯下过错。这样的教育方式既是对孩子的未来负责，也是对家族和社会负责。

颜之推构建了一套全面的家庭教育体系，他从不同角度，为世人提供了科学的指导。例如在教育孩子的态度方面，颜之推提出了这样的看法：作为父母，大家一定要在威严与慈爱之间找到平衡点。只有这样，子女们才会对父母心生敬畏，有了这样的敬畏之心，孩子才能恪守孝道呀！

威严而有慈，这是颜之推所期许的父母应有之态，但古往今来，这似乎都非易事。因此，颜之推不无遗憾地指出：我看到许多父母在教育子女时缺乏智慧，没有进行正确的引导，一味溺爱，这样必然会使对孩子的教育偏离正常的轨道。有些家长，对子女的饮食起居等日常生活不仅没有设置规范，反而无节制地满足孩子的欲望。孩子犯错时，家长也不会及时纠正，本来应该批评的，反而给予了奖赏或笑脸相迎。这样孩子长大以后，就不会有什么是非观念，对于所谓的规则当然也不屑一顾。

不管是过去，还是当下，颜之推所担心的"剧情"仍在不断上演：当孩子出现各种状况时，父母终于如梦初醒，这个时候他们才想要改变局面，但为时已晚了。无论父母采取了多么严厉的手段，也难以在子女心中重塑威信，反而让亲子关系变得更加疏远，甚至孩子因此对父母心生怨恨。最终的结果是，这些孩子长大以后，要么难以取得成就，要么品德败坏，成为社会负担。

时隔千余年，我们似乎仍可透过纸背，读出颜之推的一片良苦用心。在痛陈失教所带来的危机后，他也为普天之下的父母指出了一条明路：孔子曾经说过，一个人在年少时养成的习惯，如同天性般根深蒂固；一个人自幼所形成的行为方式，看过去就仿佛出自自然。俗话也说，对于妻子的引领，要从刚成家时候开始；对于孩子的教育，要从婴孩时抓起呀！这些话真可谓至理名言！

事实上，婴稚之际，既是行为养成之天时，也是思想培育之良机。颜之推以自己的人生为例现身说法，感叹道：一个人在幼年时期，相对来说心性比较纯净，也更容易保持专注。但随着人的不断成长，就会有很多外界的纷扰侵蚀这份纯真，这个时候人的思绪愈发难以集中。因此，早期教育至关重要，这个阶段的人心性纯净、专注力高，对各种教导的吸收能力自然也最强。这个时期是塑造孩子品性和才智的关键时期，所以千万不要错过这个时期呀！以笔者自身为例，我7岁时诵读的《鲁灵光殿赋》，如今虽只是偶尔重温，却仍记忆犹新。然而，20岁后曾经熟读的经书若久不复习，便会感到生疏。

颜之推的论述，让我们得以窥见古代早期教育一隅。事实上，中国人自古重胎教，亦重早教。《易经》有云："蒙以养正，圣功也。"古人认为在这一时期予以习惯的养成和启蒙思想的教导，将成为孩子一生的宝贵财富。

我们都知道，孩子在幼年时，往往拥有着出众的吸收能力。此时，无论父母给予何种教育，孩子都能够很容易将其吸收内化，这也正是孔子所说的"少成若天性"。

因此，中国传统教育强调，孩子要从小学习传世经典，把圣贤智慧的种子植入生命之中。对于这样的教育方式，今天有一些家长会不太理解，认为孩子小的时候连字都还没认全，就开始读这些经典，意义不大，要读也要等长大再说。

怎么更好地理解这件事情呢？我们要从教育的两块"基石"讲起。无论古今中外，无论何种教育，都离不开"记忆力"和"理解力"。但这两种能力的基本特点和发展规律截然不同，例如理解力是年纪越大越好，记忆力则是年纪越小越好。

现代教育普遍以孩子的理解力为基础，把它作为教育的基石，在进行教育的时候，先要考虑的是孩子能不能听懂，会不会理解。但是孩子越小理解力越弱，基于这样的考虑，往往孩子越小其所学的内容就越少。

传统教育则不然，它是以孩子的记忆力为基础的，在教育上，首要考虑的是孩子能不能记得住。而孩子越小记忆力越强，因此可以诵读和学习的内容就越多。所谓"不求甚解，务必熟读""读书百遍，其义自见"，皆是基于这样的认识。

因此，父母们请勿失良机，在孩子年幼之时就要引导孩子步入经典的世界，以中华文化熏陶孩子，以国学经典滋养人生。

家长不要因为担心孩子不理解而心有疑虑。事实上，这个阶段要做的事，并不是让孩子去"理解"经典，而是"诵读"经典，这是截然不同的两件事。当孩子以诵读的方式，不断在自己的"心田"中种下经典的"种子"时，这个行为本身，就已然是最大的收获了。

一颗种子变成大树，需要经历生根、发芽、开花、结果的漫长过程，但最为关键的是，要先把种子种下啊！

严爱并济方为上

尽管世界上许多父母都尽心教育孩子，但是不少孩子的成长并不符合父母的期许。这背后的原因究竟为何，颜之推给出了这样的解释：普通人教育不好子女，并不是想让子女陷入罪恶的境地，而是不愿意看到子女因责骂训斥而露出沮丧的神色，不忍心让子女因挨打而忍受皮肉之苦。以生病来比喻就是，生病时不用汤药、针灸等救治手段，病就能自己好吗？再想一想那些时常认真督促、训诫子女的父母，难道他们愿意对亲骨肉刻薄吗？实在是不得已而为之。

作为家长，我们需要深入思考：我们究竟是希望孩子得一时之快，还是真心希望他们一生都能受益？

如果仅仅追求短暂的欢愉，过度迁就孩子当下的感受，那么这种爱可能会给他们的未来发展造成阻碍，甚至带来深重的苦难。然而，如果我们能"狠下心"来，在必要时给孩子一些痛苦的或小小的惩罚，使他们从中吸取教训、改正错误，这样的爱也许才能真正有益于他们未来的人生。

为了让大家更好地理解这个观点，颜之推还列举了正反两个事例：

当年，王僧辩年逾四十，在溢城统领三千精兵，是一方大将。但是王僧辩的母亲魏老夫人对孩子的教育从未放松。一旦发现王僧辩行为出现差错，就会严厉批评他，甚至于棍棒相加。正是母亲这样严厉的教育，王僧辩始终处于正道之中，也最终成就了其辉煌功业。

讲完正例，我们接着来看反例。

梁元帝时期，有一个孩子聪明过人，甚至可以用才华横溢来形容。他的父亲为此扬扬得意，对孩子也无比宠爱。当这个孩子口出妙语时，他的父亲便四处炫耀，生怕别人不知道。然而这个孩子一旦犯错，他的父亲便百般遮掩，更不要说什么批评训斥了。就这样，孩子慢慢长大，在父亲无节制的溺爱和纵容之下变得品德败坏、性格暴躁。最终，他因种种过错招来了杀身之祸，甚至死后遭受了极大的侮辱。

这两个事例形成了鲜明的对比。颜之推借此警示世人，教育子女时，我们既要倾注满满的爱意，又要坚守必要的原则。换句话说，作为父亲，有的时候不妨当当"严父"。

那么，怎样才是真正意义上的严父呢？严父其实分为不同的境界：

首先，最低层次的严父是"色严"。这类父亲常常面色严厉，孩子也因此心生畏惧。我曾遇到这样一位父亲，他向我抱怨，说儿子一见到他回家就躲得远远的。我询问他平日里与孩子的交流方式，他坦言自己情绪容易失控，孩子对他避之不及。这种严父只会让孩子表面上装作顺从，而一旦离开父亲的视线，他们就可能放纵自己，做出各种不良行为。

其次，稍高层次的严父是"言严"。这类父亲言语严厉，但面色稍霁。他们往往对孩子有诸多要求，如孝顺父母、认真学习等。然而，他们自己却常常言行不一，孩子对他们的管教也会产生抵触情绪。孩子要么敷衍了事，要么公然顶撞。

最后，最高境界的严父则是"行严"。这类父亲不仅对孩子有严格的要求，更能以身作则，为孩子树立榜样。他们言行一致，孩子心生敬意，从而真心实意地服从管教。这种严父在孩子心中具有极高的威望，即使他们和颜悦色地与孩子交流，孩子也会对他们毕恭毕敬。中国古代的族长就是典型的"行严"代表，他们知行合一，恪守规范，在家族中具有极高的威望和地位，一言九鼎，无人违逆。

那么，如何成为真正意义上的严父呢？关键在于两点：一是自我约束，为孩子做好表率；二是坚守原则，为孩子设定合理且明确的规范，让孩子明白哪些事是可以做的，哪些是不可以做的。

亲子之间树威仪

亲子关系这一生命中至关重要的纽带，对孩子的影响深远且持久。那么，何种亲子关系才达到了真正的理想状态呢？

有些家长主张与孩子建立一种完全对等的关系，他们和孩子的相处模式仿佛朋友一般，甚至允许孩子直呼其名。然而，这种看似平等的互动背后，真的实现了平等吗？事实上，这种所谓的平等关系暗藏巨大的危机。

与这种所谓的倡导平等的相处模式不同，颜之推所倡导的亲子关系强调的则是一种平衡：父母的角色必须兼具威严与慈爱，二者如同硬币的两面，缺一不可。如何在这两者之间找到恰当的平衡点，就显得尤为重要。

所谓威严，并非天天板着脸让孩子有所畏惧，更不是刻意地严厉管教，让孩子心生恐惧。

真正意义上的威严，是父母对正确原则的坚守，对亲子承诺的重视，对孩子奖惩的应对……总而言之，威严的本质在于父母的行为和态度能传递出一种"很稳定、可信赖和被尊重"的价值观。

当父母以身作则，始终如一地践行这些原则时，他们自然会在孩子心中树立起威严的形象。这种威严不是靠恐吓或压制建立的，而是在相互尊重、相互理解和相互信任的基础上逐渐形成的。因此，父母应该注意自身的言行举止，通过日常生活中的点滴细节培养和维护自己的威严。

需要注意的是，父母的威严并不意味着要对孩子进行无所不至的管控，或是剥夺他们独立思考的权利。相反，它更多的是要求父母用自己的态度和行为引导孩子，使其由衷地生出尊敬之情。

这种尊敬不是强迫的或伪装出来的，更不是通过压抑孩子的个性来实现的。一个威严而慈爱的家长，应该能够让孩子在感到亲近的同时，也保持必要的尊敬。这才是我们所追求的理想的亲子关系。

如果父母与孩子完全对等，没有了长幼尊卑的界限，那么当父母需要严肃对待孩子时,孩子还会听从吗?答案是显而易见的。

但同样需要注意的是,这并不意味着一个威严的家长就不能向孩子表达爱,也不意味着一个慈爱的家长就不能对孩子进行管教。

凡事过犹不及,且物极必反。还是那句话,关键在于找到那个恰到好处的平衡点。

无论孩子多大,父母的爱都需要适当地进行表达,这样才能让孩子感受到温暖和支持。在今天,仍有许多父母缺乏表达爱的意识和能力,这往往会导致一些令人心痛的局面发生。

有这样一位父亲,他对孩子要求很高,并且态度非常严厉,如果孩子事情没做好或犯了错,轻则训斥批评,重则棒棍相加。在这样的教育方式之下,孩子产生了极大的问题,最后因为犯罪在监狱服刑。

在这个孩子服刑期间,他的父亲因病去世,他得知这个消息时并未流露出太多的悲伤,反而有一种如释重负的感觉。

等他出狱回家后,家人拿出一个带锁的箱子给他,说是父亲留给他的遗物。他的父亲在去世前特别交代,一定要把这个箱子交到他手上。

这个孩子原本不想打开这个箱子,但家人三番五次地劝他一定要看,甚至说:"你就看一眼,看完后这个箱子想怎么处理就怎么处理,我们决不阻拦。"终于,他打开了这个箱子。看完箱子里的物品之后，他的泪水瞬间决堤。

箱子里到底是什么物品？

这箱子里，是他父亲精心保存的各种"纪念品"。里面有这个孩子穿的第一双鞋子、玩的第一个玩具、获得的第一张奖状……这位父亲，甚至还在每个"纪念品"上用标签标注了时间，还写下自己当时的感言。

箱子里还有一本泛黄的日记，里面密密麻麻地记录着孩子成长过程中的关键时刻。父亲在日记本中，以无比亲昵的口气，表达了对孩子成长的喜悦和无限的爱意。这些文字是父亲从未对孩子说出口的爱，也是孩子此前从没有机会感受到的深情。

看到这些，这个孩子的内心无比痛苦。他一直认为父亲不爱他，然而当他终于感受到父爱的时候，却已经天人永隔。

我们希望，这样的遗憾不要再上演。无论孩子多大了，他都需要从父母这里得到爱意与关怀。爱孩子，就要大声地说出口。

采菁撷华品颜训

《颜氏家训》洋洋洒洒近万言，涵盖了教子、兄弟、治家、风操、慕贤、勉学、文章、名实、涉务等诸多方面。作为父亲，颜之推以爱与智慧构筑了这部体系完备、内涵丰富的家训名作。

然而，由于篇幅所限，我们虽然无法展现《颜氏家训》之全貌，但仍可以撷取精华之处与大家共赏，希望以此为大家带来跨越时代的启迪。

自上而下为风化

在《颜氏家训》"治家"篇中，颜之推开门见山地提出：教育感化之道，要通过自上而下来实现。也就是说，如果父母失却慈爱，则子女就难有孝心。若兄长缺乏爱意，则弟妹难以恭敬。若丈夫背仁弃义，妻子又岂会温婉顺从？

在颜之推看来，这些是家庭教育的根本，也是人伦常理的要义。

事实上，家庭教育并非单向的灌输，而是双向的交互。父母和兄长的态度，无论是慈爱、友善还是冷漠、刻薄，都会在无形中影响子女和弟妹的心灵成长。同样的，子女和弟妹的态度和行为也会反过来对父母和兄长产生影响。这样就形成了一个复杂的家庭互动网络。

这种相互影响和塑造的过程，决定了家庭成员之间的性格塑造、情感交流以及深度沟通的方式。

"夫风化者，自上而行于下者也。"这句话在不断提醒我们，虽然当今这个时代，社会日益复杂，家庭结构日渐多元，这些都对家庭教育提出了新的要求，但无论时代如何变化，家庭中的次序不能变，家庭中的引领者不能变。

同时，这句话也告诉我们，家庭中的每个成员都要意识到：在家庭中，自己有一定的角色定位和责任义务。作为父母和兄长，要时刻注意自己的言行举止，为子女或弟妹树立良好的榜样。作为子女或弟妹，则要学会尊重和理解长辈的付出，要以感恩的心态报答长辈的付出。

只有每个家庭成员积极地参与家庭教育，各司其职，各尽其能，才能真正实现"家和万事兴"。

君子必慎交友焉

《诗经·小雅·伐木》有云："嘤其鸣矣,求其友声。相彼鸟矣,犹求友声;矧伊人矣,不求友生?"这首诗借鸟鸣之求友,以喻人生之需友。鸟类尚且嘤嘤而鸣,试图寻求同伴,何况我们人类呢?事实上,我们更需要找到与自己心灵相通、志同道合的朋友。

在《颜氏家训》"慕贤"篇中,深明此理的颜之推强调:在年少之时,一个人的心智和性情都尚未成熟,这期间他的可塑性非常强。引申到家庭教育,此时孩子与什么样的人为伍,往往会深受其影响,甚至在不知不觉中模仿他的态度和行为。因此,选择贤良之友对于孩子来说尤为重要。

颜之推进一步指出,若一个人在少年时就与优秀的人为伍,其不仅可在言行举止上受到良好的熏陶,更可以在操守、品德、技能等诸多方面得到显著的进步。与好的朋友交往,就好比进入了一个充满芝兰香气的房间,时间久了,自己也自然而然地身带清香。反之,如果与不好的人为伴,就好比身陷腥臭的市集之中,久而久之,自己也会被那股浊气侵蚀。

因此,作为父母,要对孩子的择友多加关注。这不仅关乎个人一时的成长和发展,更关乎其人生的方向和境界。

颜之推提出的交友之道,对于当今家长而言,仍如指引明灯,具有相当重要的启示作用。

首先,家长们须深知,在孩子的人生初期,他们的心灵如同一张白纸,纯净而未被涂抹。但是,正如墨子所说:"(丝)染了青色的颜料就变成青色,染了黄色的颜料就变成黄色。加入的染料不同,丝的颜色也随之发生变化。"孩子结交的朋友,往往会在无形中影响、塑造孩子自己的个性。因此,作为父母,我们有责任也有义务密切关注孩子的社交圈,引导他们选择好的朋友、远离坏的环境,以保护他们纯净的心灵。

其次,家长们须洞察,在当今这个信息爆炸、环境复杂的社会中,如果孩子没有一双明辨是非的"慧眼",则有可能结交不良之友,误入歧途。因此,为人父母者,应该与孩子保持和谐的关系,经常与他们交流心声,帮助他们树立正确的世界观和价值观。这样,孩子们才能用一双清澈的"慧眼"看清事情的本质,洞悉世间的万象。

最后,家长们须明白,自己的言语和行为是孩子学习的重要范本。孩子从小就具有极强的模仿能力,会在不知不觉中习得身边人的言行举止。因此,为人父母者,必须时刻注意自己的言行,尽量以高尚的品德和得体的举止,为孩子树立一个正面的、积极的榜样。同时,父母还应该经常与孩子分享自己的交友经历和心得,让他们了解人际交往的微妙之处,也为他们日后的社交之路铺设坚实的基石。

博学求之利于事

《礼记》有云:"人不学,不知道。"古往今来,学习之论众说纷纭,不胜枚举,但《颜氏家训·勉学》之要义,尤值深究熟习。

颜之推在该篇中旗帜鲜明地指出:有些人自以为会骑马披甲,擅长持矛射箭,便妄称自己能胜任将军之职。然而他们却忽略了,真正的将军还需具备洞察天道、辨识地利、顺应时势,以及深谙国家存亡之道的智慧。有些人认为自己能承上启下,擅长积聚财富和粮食,就可以担当宰相之任。但他们却未曾意识到,宰相的职责远不止于此,还需具备敬神事鬼、移风易俗、调和阴阳,以及选拔举荐贤能之士的才干。另一些人则以为,只要不贪图私利,尽力为公,便能治理好一方土地。但他们却未曾想到,治理一方土地的真正要求远不止于此,还需要具备真诚正直的品格、条理清晰的方案、救灾灭祸的决断,以及教化百姓的智慧……事实上,无论是农商工贾,还是仆役奴隶,乃至从事钓鱼、屠肉、喂牛、牧羊等各行各业的人们中,都不乏在德行和学问上出类拔萃,足以为楷模的杰出人物。广泛地向这些人学习,对事业是大有好处的。

斯言诚哉!若颜之推生于今世,观当下父母之心,会不会发出这样的感慨:

有些父母认为，只要子女在学业上表现出色，成绩优秀，就能顺利进入一流学府，学习一个热门专业，从此便可心满意足、事业有成，过上无忧无虑的生活。然而，他们却忘记了学校教育只是教育体系中的冰山一角，子女的学业成就也只是表明了他们对于当前学习内容的掌握程度而已。实际上，子女步入社会后，他们还需要拥有健康的身体、良好的道德品质、和谐的人际关系，以及坚定的意志力……这些是许多父母在教育孩子过程中容易忽视的。

博学求之——博于生活，学于万物，求于真理，还请切记。

曹 操

枭雄亦是良父

  在世人眼里,他是"治世之能臣,乱世之奸雄"。但作为一位父亲,他在孩子的教育方面的成果有目共睹。

  他一共有25个儿子,长大成人的有10多个,他们都在历史上留下了浓墨重彩的一笔,比如才高八斗的曹植、勇冠三军的曹彰、智勇双全的曹丕,还有"称象"神童曹冲。

枭雄家业亦不凡

曹操（155—220），字孟德，沛国谯县（今安徽省亳州市）人。他是东汉末年的政治家、军事家，同时也是一位文学家、书法家。

曹操在中国可谓是家喻户晓的人物，但是大部分人对他的认知都停留在他是一代枭雄，甚至是一位权臣或奸雄的印象上。大众对曹操的这种认知缘于下面的故事。

曹操年轻时胸怀壮志，极度渴望得到社会名流的认可。当时，有一位备受推崇的人物评论家许劭，定期举办"月旦评"，他对人物的评价深受大众信服，名声很高。

听闻有这样一位人物，曹操便前去拜访，请教道："我何如人？"许劭起初保持沉默不语。但曹操并未放弃，继续追问。许劭便回答："子治世之能臣，乱世之奸雄。"曹操大笑。这就是那句著名评语的由来。

无论是能臣，还是奸雄，他的功业自有历史评说。但是，人是有多面性的，他对后代的教育方式，一样值得我们去了解。

曹刘后人大不同

曹操和刘备是那个时代的"双子星",他们在事业上的成就各有千秋,难以简单地进行比较。但如果我们将视角转向他们的家业,或许可以得出一些不同的结论。

刘备是蜀汉的开国皇帝,其皇位继承人是长子刘禅。然而刘禅被后世称为"扶不起的阿斗",即使有诸葛亮这样的贤相辅佐,最终还是无法延续蜀汉的江山。这在一定程度上反映了刘备在家业传承上存在一定问题。

与之形成鲜明对比的是,曹操的家业传承展现出了完全不一样的局面。明朝学者胡应麟曾评述道:"通计魏武诸子二十五人,殇者十余,知名者六:丕、彰、植、彪、冲、衮。彰之力、植之才、冲之智,皆古今绝出,咸萃一门,自书契来未有也。"①

曹操一共有25个儿子,其中10多个长大成人,他们中的许多人在历史上留下了深刻的印记。长子曹昂,自幼聪颖过人、性格谦和,深受曹操喜爱,只可惜在一次战斗中为了掩护曹操撤离而英勇牺牲。次子曹丕②,作为曹魏的开国皇帝,展

---

① 胡应麟:《诗薮·外编》卷一《周汉》,王国安点校,北京科学技术出版社,2022。
② 曹丕(187—226):字子桓,建安十六年(211),任五官中郎将、副丞相。建安二十二年(217),被曹操立为嗣。曹操死后,继任魏王、丞相。延康元年(220),代汉称帝,为魏文帝。

现了出色的政治和军事才能，为曹魏的建立和发展做出了巨大的贡献。曹植①因其非凡的文学造诣而闻名，得到了后世杰出文学家谢灵运"才高八斗"的赞誉。曹彰②继承了父亲曹操的军事才能，多次随父征战，立下赫赫战功。神童曹冲年幼时便展现出了非凡的智慧和才华，曾利用浮力原理成功称出大象的重量。

曹操与刘备，两位同样在事业上取得辉煌成就的霸主，他们后代的才能却截然不同。刘备的子女成就无几，而曹操的子女却各有千秋，其中的差异，值得我们好好探究。

生子当如孙仲谋

探究曹操的过往，《三国志》是关键素材之一。在这部书中，有这样一段故事：③

曹操曾率领大军与东吴隔江对峙。安营扎寨后，为了探查军情，曹操亲自带着一队人上山观察东吴的部署。他带人登上山坡，眺望对岸，只见东吴的战船队伍井然有序，统帅孙权端坐在中间大船的青罗伞下，文武官员侍立于左右两侧。

---

① 曹植（192—232）：字子建，生前曾为陈王，去世后谥号为"思"，因此又称陈思王。三国时期曹魏著名文学家，建安文学的代表人物。

② 曹彰（189—223）：字子文，武艺过人，能徒手与猛虎搏斗，臂力过人，但不善作文章。

③ "生子当如孙仲谋"数语则出自裴松之注。

看着这一幕，曹操却将军事部署置之脑后，转而评论起了家事。他指着孙权发出感慨："生子当如孙仲谋！若刘景升儿子，豚犬耳！"

这一幕发生在建安十八年（213），这时的曹操已经58岁了，而孙权只有31岁，与曹家儿辈年龄相仿。曹操看着年轻的孙权，心中不禁感叹：眼前这个孩子相当优秀，只盼望自家孩子亦能有孙权的才智，不能像刘景升的两个儿子那样。

为了更好地了解曹操将孙刘两家进行比较的原委，我们有必要了解先后出场的孙仲谋与刘景升诸子。

孙权，字仲谋，为孙坚之子，历经父兄之丧，在重重逆境之中，却未曾屈服。他执掌江东之后，展露出卓越的政治智慧与军事才能。一方面他重视内政建设，积极促进生产，以稳定后方。另一方面他广纳贤才，同时容纳了其父兄执政时的重要臣子，以确保政权稳固。在赤壁之战中，他倚仗周瑜之智，成功击退曹操，守护了江东疆土。其深谋远虑令人敬佩不已。

刘表，字景升，东汉宗室，祖上为西汉鲁恭王刘余。他是汉末群雄之一，拥有战略要地荆州，其地理位置十分重要，北接中原，南连岭南，西通巴蜀，东达江东。

刘表长子叫刘琦，少子名刘琮。因刘琦和父亲在各方面都比较像，刘表一开始比较偏爱他。后来，情况发生了变化。刘表十分宠爱自己的后妻蔡氏，而蔡氏的侄女嫁于刘琮为妻，因此蔡氏经常在刘表面前夸赞刘琮、贬损刘琦。受此影响，刘表对两个儿子的态度慢慢发生了变化，最后他将长子刘琦外放为江夏太守，甚至还经常通过书信责备其不当之处。刘表去世后，少子刘琮接管了家族基业荆州，刘琦和刘琮兄弟之间也生出了仇隙。

在曹操南击荆州之际，刘琮选择了投降，轻易放弃了荆州。

这种软弱和胆怯的行为让曹操发出刘景升儿子"豚犬耳"的评价，这是对刘琮的尖锐讽刺与严厉批评。

在曹操眼中，刘琮的投降行为导致荆州失守，其与孙权的坚定抵抗形成了鲜明对比。刘孙两家不同的走向，让曹操看到了优秀接班人的重要性。

为何接班人如此重要？因为就任何事业的走向而言，接班人于其中将产生深远影响。选择怎样的接班人，往往决定了一个组织、一个国家乃至一个时代的走向。即便现在手握重兵、粮草充足、疆域辽阔，这些所谓的"优势"也可能会因选错接班人而发生逆转。

那么，曹操是在年近六旬，子女都已长大成人时才意识到这一点的吗？答案是否定的。实际上，曹操一开始就非常重视孩子的教育，这不仅体现了曹操的远见卓识，也为我们提供了宝贵的启示。

教育诸子不寻常

翻阅历史,我们会发现曹操不仅在朝堂之上叱咤风云,在家庭教育方面也独树一帜。其对孩子教育的重视程度,于曹丕、曹植、曹冲的成长历程中可窥见一斑。

少年战场炼胆识

曹丕,后为魏文帝,既擅政治又通文学。他在《典论》①中回忆道:"我在5岁的时候,父亲便说当前乃是乱世,我要开始学习骑马射箭的本领。6岁时,我已经学会了射箭;到了8岁的时候,我又学会了骑马。当时天下不太平,父亲四处征战,我虽然年幼,但也时常一同出征。"

建安二年(197),曹操率军南征,期间张绣诈降引发了一场激战。这场仗打得异常残酷,曹操长子曹昂和侄儿曹安

---

① 《典论》:三国时代曹丕所著,是最早的文艺理论批评专著。原有22篇,后大都亡佚,只存《自叙》《论文》《论方术》三篇。

民都牺牲于此。值得一提的是，当时年仅10岁的曹丕也在前线作战，在这场惊心动魄的战役中，曹丕也经历了生死的考验，最终在一片混乱中侥幸乘马逃脱。

"爱子则为之计深远"，在乱世之中，作为父亲的曹操明白，必须教给曹家子弟"谋生之道"，让他们在战场上见真章，而不是在家中享太平。

在血与火的洗礼中，孩子们身临其境，感受到了战场之残酷，也知道了统帅的每一个决策都关乎生死。这样的经历弥足珍贵，它比任何书本上的名言警句都更能锤炼一个人的意志和能力。

曹操明白，自己要培养的不只是一个能够继任家业的孩子，还是一个有着独立思考能力和决断能力的领导者。

可以说，这样的教育方式，既锻炼了接班人曹丕强健的体魄，又培养了其坚韧不拔之志与临危不惧之勇。这些都为其日后成就霸业奠定了坚实的基础。

才子少时露头角

曹植堪称建安时期的文学巨匠，他的作品不仅数量多，而且流传广。他在散文、辞赋和诗歌等各个领域均有卓越成就，远超同侪。被誉为"诗仙"的李白，对曹植也是敬佩有加，他说过："曹植为建安之雄才，惟堪捧驾。天下豪俊，翕然趋风，白之不敏，窃慕余论。"①

《三国志·魏书·任城陈萧王传》中记载：彼时十余岁的曹植已展露才情，能诵诗论赋达数十万言，下笔如有神助。当曹操看到儿子曹植的文章时，惊讶于其文笔之流畅、思路之敏捷，以至于怀疑这些作品是否出自一个孩童之手。于是，曹操询问曹植是否有人代笔。而曹植则表示，愿接受现场考验，以证明自己的才华。

《任城陈萧王传》中亦记录了此事的后续：曹操在新建的铜雀台上进行了一次现场"命题作文"。曹操邀请孩子们共登此台，要求他们即兴作赋。曹植援笔立成，文辞可观，在一众子弟中再次脱颖而出。曹操看了曹植现场所作的文章，大喜过望，彻底打消了疑虑，确信子建果有惊世之才。

时至今日，才高八斗的曹植仍为世人所熟知。我们皆知曹植的才气冲云霄，但也应该看到其中有曹操的用心教导。

曹操作为父亲，为曹植创造了一个难能可贵的成长环境。一方面，曹操让曹植自幼浸润书香，汲智慧之光，炼文笔之锋。另一方面，曹操对曹植所显露的文学天赋并未盲目轻信，而是借铜雀台作赋之机，以实践验其真才。

曹操这样的做法，对当今的父母颇具启示意义：发现自己的孩子在某方面天赋异禀时，宜欣喜勿骄傲，宜鼓励勿溺爱。

要知道，才华非凭空而生，须经实践之砺，方能熠熠生

---

① 出自李白所作的《上安州李长史书》。

辉。所以，作为家长要像曹操一样，既为子女提供丰富的文化滋养，又引导其参与实践、历练成长。同时，家长还应该保持理性，不盲目夸大，不寄予过高期望，而是根据子女的实际情况，因材施教，循序渐进。

如此，方能让子女在成长之路上稳健前行，成为栋梁之材。

称象神童有仁心

曹操之子曹冲，字仓舒，天资聪颖，自幼便显露出异于常人的才智。其年仅五六岁，便以"曹冲称象"之事闻名于世。

《三国志·魏书·武文世王公传》记录道："时孙权曾致巨象，太祖欲知其斤重，访之群下，咸莫能出其理。冲曰：'置象大船之上，而刻其水痕所至，称物以载之，则校可知矣。'太祖大悦，即施行焉。"

从这个事例中，我们看到的不只是曹冲的聪明才智，也能读出曹操的教育智慧。

这个事例中有几点值得深思。一是彼时曹操观象，应属朝政之事，而曹冲能以幼童之龄随行，以增进识见，足见曹操栽培子女之心。二是曹操"访之群下，咸莫能出其理"，大人"咸莫能出其理"时"冲曰"，足见父子日常交流之道。三是曹操对稚子所言，没有轻视，"大悦，即施行焉"，足见其对孩子的尊重。总而言之，曹冲固然天赋异禀，但他的成长更离不开曹操的用心教育。

曹冲以其聪慧而闻名于世，但他的仁慈之心却较少为人所知。

据《三国志》裴松之注记载：小小少年曹冲每当见到受刑的人，都会仔细探查他们是否冤枉，并暗中为他们辩护。对于那些勤勉的官吏，如果其因为小过失而触犯了法律，曹冲就会向父亲陈述情况，希望父亲能对他们宽大处理。

还有另一件事也可以证明曹冲的仁心。曹操执掌朝政之时，刑罚非常严厉。有一次，他的一副存放在仓库中的马鞍被老鼠咬坏了。看守仓库的小吏非常担心自己会被处死，就商量着打算反绑双手去自首请罪。即使是这样，他们也仍然担心不能免于责罚。曹冲知道后，就对他们说："先等三天，你们再去自首。"

随后曹冲就用刀戳破自己的单衣，制造出被老鼠咬破的假象，然后装作失落的样子来见父亲。曹操见他一脸愁容，就关切地问他怎么了。曹冲回答："我听说被老鼠咬破衣服不吉利，但我的衣服，却被老鼠咬破了，这让我感到担心。"曹操安慰他道："这种说法没有依据，你不要为这件事烦恼。"

不久之后，看守仓库的小吏报告马鞍被老鼠咬坏。曹操便笑着说："我儿子的衣服在身边还会被老鼠咬坏，何况这些马鞍一直挂在柱子上呢？"他没有追究这件事。

少年曹冲仁爱且通达事理。对于有些因过失要接受惩罚的人，曹冲会辨明是非后出手相助，最后这些人都得到了宽恕。这样的事例前后有几十件。此外，曹冲还容貌俊秀，与众不同，因此特别受到父亲的器重。据史载，彼时曹操有培养其继承大业之意。

建安十三年（208），年仅13岁的曹冲生了重病，曹操亲自为他祝祷，希望能保全他的命。但曹冲最终还是去世了，曹操非常悲痛。曹丕宽慰曹操，曹操却说："这是我的不幸，却是你们的幸运啊！"

尊重差异各施才

顺应志趣与天性

据《三国志·魏书·任城陈萧王传》记载,曹彰从小便偏好武艺,精通骑射,力大无穷,甚至能徒手与猛兽搏斗而无所畏惧。他性格直爽,年纪轻轻便多次随曹操征战,展现出豪情壮志。

曹操曾责备曹彰说:"你不读书学习,不向往圣贤之道,却喜欢骑马击剑,一味地逞匹夫之勇,这些仅能当一夫之用,哪值得看重啊!"于是他督促曹彰学习《诗经》《尚书》。

曹彰就对身边的人说:"身为大丈夫,应当效法卫青、霍去病那样的大将,率领十万人马驰骋大漠,驱逐戎狄,建功立业,哪能只做个博士呢?"

有一次,曹操问起孩子们的志趣,曹彰说:"我愿做将军。"曹操问:"做将军干什么呢?"曹彰回答说:"将军会身披坚甲、手握利器,遇到危险不顾自己、身先士卒,此外将军还要赏罚分明，有功必赏，惩罚从严。"曹操听后大笑。

曹操的笑容饱含赞许。起初他确实期望曹彰能文武双全。但随着时间的推移，他逐渐认识到这个儿子或许在文学上造诣平平，但在武艺和军事方面却有着过人的天赋和热情。于是曹操决定顺应曹彰的天性，让他在自己热爱的领域里自由驰骋，充分发挥自己的潜能。这让曹彰得以全身心投入到武艺和军事的学习中。在曹操的殷切鼓励和悉心指导下，曹彰最终成为一代名将。

曹操膝下子女众多，但他对每一个孩子都倾注了无尽的关怀。他在《百辟刀令》①中曾记录下一则温馨的往事：曹操命人造了五把珍贵的宝刀，先将其中一把送给了任五官中郎将的曹丕，其余四把他决定依次赠予那些不好武艺、偏爱文学的儿子。

通过这件事，我们看到了曹操对孩子全面发展的殷切期望。即便在乱世之中，曹操也始终希望能将孩子培养得文武双全，希望他们能够既拥有强健的身体素质，又具备深厚的文化素养。

曹植获赠宝刀后，挥毫写下《宝刀铭》，文中道："此刀既经磨砺，非为炫耀武力，只为护我周全。"可见他并不崇尚

---

① 《百辟刀令》：曹操所作。百辟刀是曹操为这种兵器起的名字，"辟"，即辟除不祥。令文中称呼曹丕为五官将，因此令文应发布在建安十六年（211）曹丕任五官中郎将之后，建安二十二年（217）曹丕被立为魏太子之前。

武力，而是将宝刀视作防身之物。

彼时，曹植与杨德祖（杨修）交情深厚，他曾在给对方的信中说："我自幼酷爱写文章，直至今日，已有25年之久了。"这也充分凸显了他对文学的热爱。

曹操的孩子们不仅性格迥异，其志趣也各不相同。曹彰勇猛善战，曹植则钟情于文学。尽管曹操期望孩子们能文武双全，但他更尊重他们的个体差异，允许他们按照自己的意愿发展。

这种教育理念在当今同样具有借鉴意义。每个孩子都是独一无二的，我们应该尊重他们的个性和兴趣，避免用统一的标准要求他们。否则，孩子只会感受到困惑和痛苦，从而阻碍自己的成长和发展。

现实中，许多家长在孩子的教育道路上经历了期望的起伏。起初，他们对孩子的未来满怀憧憬，心中描绘了各种美好的蓝图。看到孩子喜爱音乐，便想象他们未来或许能成为一名音乐家。

然而，随着孩子步入校园，尤其是升入小学高年级至中学阶段，家长的期望往往逐渐降低。此时，他们不再奢求孩子成为音乐界的佼佼者，只盼望其能专心学业，考试成绩尚可，不做出格的事，少些叛逆行为。

等到孩子进入大学，家长的期望就慢慢趋于现实。他们希望孩子能顺利完成学业，找份稳定的工作，结婚生子，过上平淡安稳的生活。

这样的心态转变，在一定程度上反映了家长对于孩子的个体差异缺乏认知，同时，其对于教育目标的规划也不明晰。他们往往以自身的期望为出发点，而非真正站在孩子的立场尊重和理解孩子的天赋和兴趣。

当家长的主观意愿过于强烈，又缺乏对孩子的尊重和理解时，他们就会试图强行引导孩子走向自己设定的道路，但如果这条道路与孩子的天赋和兴趣相悖，孩子便需要耗费大量精力去与家长的意志抗争。

这样的内耗无疑会剥夺孩子顺应天赋、进一步发展的时间和精力，最终导致两败俱伤的结局：家长失望沮丧，孩子则在挣扎中耗尽了宝贵的光阴和能量。

因此，作为家长，我们要从根本上转变思维方式。我们应该从一开始就努力了解孩子的天赋和兴趣所在，尊重他们的个体差异和人生追求。只有这样，我们才能成为孩子成长道路上的真正的引路人，而不是影响他们发展的"障碍物"。

了解尊重并赞赏

不管是才华横溢的曹植，还是英勇善战的曹彰，他们在童年时期都怀揣着属于自己的梦想。他们最终能够实现这些梦想，成就非凡的人生，离不开父亲曹操的支持。这种来自家庭的支持力量，如同一双坚实的臂膀，为孩子撑起一片广阔的蓝天，让他们得以自由翱翔。

自古及今，莫不如是。

在一所宁静的乡村小学，老师微笑着询问班里的孩子们："你们的理想是什么呀？"这些孩子刚升入二年级，面对老师的问题，他们争先恐后地回应：有的想穿上警服，守护一方安宁；有的渴望成为科学家，探索未知世界的奥秘；还有的梦想着成为白衣天使，救死扶伤。然而，在这些崇高的理想中，一个声音显得与众不同。一个孩子毫不犹豫地大声说道："我长大以后想成为一名理发师。"

老师微微一愣，似乎没料到会有这样的回答。同学们也纷纷投来异样的目光，也许他们觉得这个理想太平凡了，甚至有些可笑。于是下课后，他们开始取笑这个孩子，戏称他为"理发匠"。孩子的心灵是敏感的，他感受到了周围同学的不理解。

这个孩子闷闷不乐地回到家，把这件事告诉了正在院子里晒谷物的妈妈。妈妈放下手中的活，认真地倾听着孩子的诉说。听完孩子的话，妈妈轻轻抚摸着他的头，指着院子里晒着的芝麻和稻谷说道："孩子，你看这稻谷有稻谷的用处，芝麻有芝麻的用处。每个人有不同的理想，也都有不同的用处。你想当理发师，妈妈支持你！"

妈妈的话像一缕阳光照进了孩子的心田，他豁然开朗。他明白了，无论别人的看法如何，只要自己坚定信念、勇往直前，就一定能够实现自己的梦想。后来，这个孩子坚持自己的理想，成年后努力地学习理发技艺，最终成为一名出色的理发师，过上了自己期许的幸福生活。

在孩子的教育问题上，家长的首要之急是深入了解孩子的天赋与才能，包括他们的潜在能力、兴趣爱好，以及可能的发展方向。要知道，每个孩子都是独一无二的，拥有自己独特的潜能和特质，我们的教育也要因人而异。

其次，教育应该有明确的目标和方向，家长不能期望孩子同时成为多个领域的专家，而是应该根据孩子的天赋和兴趣，有针对性地进行培养。这就需要我们在教育过程中进行取舍，找到孩子真正热爱和擅长的领域。

如果家长对孩子缺乏了解，就很容易在教育上迷失方向，只会盲目跟风或者随意尝试。这样不仅会浪费大量的时间和金钱，还可能让孩子在无效的学习中失去兴趣和信心，错过自身发展的最佳时机。

因此，在教育孩子的过程中，家长应该摒弃主观臆断和盲目跟风的做法，以深入了解孩子为起点，有针对性地为他们提供个性化的教育支持。如果孩子在美术方面展现出特殊的天赋，我们就可以带他去参观著名画家的故居、博物馆的珍贵藏品，或为他报名参加专业的美术培训班。同样的，如果孩子对音乐有浓厚兴趣，我们就可以带他去欣赏音乐会，感受舞台艺术的魅力，或是在观看电视节目时，选择音乐类综艺节目，让孩子从中汲取灵感和动力。

我们要把资源和精力集中在孩子真正热爱的领域，帮助他们深入探索、不断提升。这样，我们才能真正做到因材施教，让每个孩子都能在自己热爱的道路上茁壮成长。

要知道，最幸福的人生状态莫过于做自己喜欢且擅长的事，并以此实现个人价值。

这，往往是因材施教的美好结果。

宽严有度不娇纵

鲁迅先生曾说过:"无情未必真豪杰,怜子如何不丈夫?"这句话揭示了人性中复杂而真实的一面,即真正的英雄豪杰并非一味地冷酷无情,他们同样可以拥有深情厚意,关心、爱护自己的子女。

作为一代枭雄的曹操,在战场上以勇猛果敢著称,然而这并不意味着他是一个无情无义的人。相反,曹操在生活中也展现出了温情脉脉的一面,尤其是对于自己的子女。只是,他的爱并非溺爱,而是宽严相济、有原则的教育。

《诸儿令》是曹操专门颁布给孩子们的一道训令。这道训令这样说道:"现在寿春、汉中、长安三地需要派遣适合的人前去监督治理。我想选择慈爱孝顺且能听从我命令的儿子,但目前还不知道选谁更好。虽然在孩子们小的时候,我对他们都一样疼爱,但对于长大后能有出色表现的孩子,我必定会重用。我说的话绝非戏言,我不仅不对下级偏私,对自己的儿子们也不会有所偏袒。"

当曹彰受命出征时，兼具父亲和上级两种身份的曹操，担心曹彰不能很好把握公私之界，于是特别交代说："在家我们是父子，在外我们是上下级关系，所以你要特别注意，待人处世要遵守法度，这一点务必记牢。"

曹操的话语凸显了一种公私分明的处世哲学。在家庭中，他与曹彰是父子关系，彼此间有着深厚的亲情纽带；但在外部事务中，他们则是上级与下属，必须恪守职责、遵循法度。

事实上，曹操不仅是这样说的，他在现实生活中也确实践行着这一原则。他对曹植的态度变化就是一个生动的例证。

曹植在一众孩子中才华横溢、文采斐然，曹操最初对其也有所偏爱。建安十九年（214），曹植被改封为临菑侯，《三国志·魏书·任城陈萧王》记载，在出征之前，曹操对曹植委以重任，让其镇守后方邺城，并语重心长地交代道："我23岁时已担任顿邱令，治理一方。回首往昔，我对自己当年的表现颇为满意。如今，你也已23岁了，正当年少有为，希望你能如我当年一般筹谋规划，成就一番事业。"

从这段话中不难看出，曹操对曹植寄予厚望，在长子不幸战死后，甚至一度考虑将其作为接班人培养。然而，中间发生的一系列事情让曹操对曹植的看法发生了改变。

建安二十二年（217），曹植因醉酒擅自开启司马门，违反禁令，在帝王举行典礼时才能行走的禁道上纵情奔驰。曹操得知此事后大怒，不仅处死了失职的公车令，还加强了对诸侯的法规禁令。从此，曹植在曹操心中的地位逐渐下降。

更为严重的是，在建安二十四年（219），曹仁为关羽所围困，曹操让曹植带兵解救曹仁。然而，命令发布后，曹植却因为酒醉而无法接受命令。曹操的愤怒达到了顶点，对曹植的失望也达到了极点。

这一系列的事件让曹操对曹植的态度发生了根本性的转变。他开始不信任曹植，并放弃了将其立为接班人的想法。最终，他选择了更加稳重、更具政治才能的曹丕作为继承人。

曹操的教子之道深谙宽严相济的精髓，既倾注了对孩子的关爱，又坚守了对规则的尊重。然而，曹操也清楚，仅有关爱和尊重并不足以使孩子成长为有担当、有纪律的人。因此，当孩子触犯原则、违背规范时，他会毫不犹豫地予以纠正和惩戒，决不姑息纵容。

这种宽严有度的教育方法对现代教育同样具有重要的启示意义。今天我们也要重新认识"宽"和"严"的内涵。

在当下社会，文化呈现日益多元化的态势，然而，人们在学习和思考上的投入却似乎并未与之同步增长。相反，越来越多的人选择接受快餐式文化，对于系统学习教育理论和进行深入思考则显得缺乏兴趣与耐心。

这种现象在教育界表现得尤为突出，也导致出现了一批所谓崇尚"自由民主"教育理念的家长。当然，能够真正系统地学习并科学地实践"自由民主"的教育理念，无疑是一种比较合理的教育方式。然而,问题在于许多家长对于"自由"和"民主"的理解过于片面。他们认为,在孩子年幼时,应该给予他们充分的自由和民主,对于孩子的行为要求可以相对宽松,等到孩子长大后再对他们进行严格的要求。

实际上,这种认知存在误区,因为从严格到宽松容易,但从宽松到严格却十分困难。更为合适的教育尺度应该是态度上宽容,但规则上严格。也就是说,家长应该充分表达对孩子的爱,但同时也必须制订明确的规则。要帮助孩子建立清晰的是非观念,明确哪些行为是可以做的,哪些是不可以做的,以及如何区分对错。

为了让大家更好地理解为什么要这么做,我举个例子:

我们常说"十年树木,百年树人"。教育孩子就如同在家中的小花园里精心培育一棵树。树种虽是一样的,但培育方式迥异,结果自然也千差万别。有的园丁对枝叶的瑕疵零容忍,频频修剪;有的则放任自流,任其野蛮生长。当这些树木渐成气候时,就要将它们从"家中"的小花园移植到广袤的"社会"森林,此时规则的重要性便凸显无遗。

我们假想一下,这片森林宛如社会的缩影,其规则严明,要求树木在特定的位置展露枝叶。面对这突如其来的规则,以及随之而来的"修剪",那些此前未经修剪的树木可能会痛呼连连、抗议不断。

然而,即使疼痛难忍,它们也必须接受这一现实——适者生存，不适者淘汰。若树木能言，或许会哀怨道："我想回家。"因为在家里，它们从未经历过这般严苛的修剪。

以上虽是比喻，但也是现实的映射。现在许多家庭在教育孩子时缺乏规则的建立。在家中，孩子们往往可以随心所欲，但一旦踏入社会的大门，他们却必须遵循一系列复杂而严谨的规则。这套规则体系要求每个当事人做人、做事都必须有章法可循。那些在家庭中无拘无束惯了的孩子，进入社会后往往会发现自己的行为举止与社会的规则格格不入，最终只能选择回归家庭的"温室"。

这也是当今所谓"啃老族"现象愈发严重的原因之一。这些年轻人在成长过程中，大多缺乏规则的约束和引导，以至于其进入社会后难以适应复杂多变的环境。无奈之下，他们只能选择依赖父母生活，逃避应承担的社会责任。

真正对孩子负责的父母，须知待人处事有规则，孩子从小要适应。

蔡邕

造就一代才女

他精通音律，才华横溢。他工于书法，造诣尤深。他自创"飞白体"，对后世影响甚大，被评为"妙有绝伦，动合神功"。

他创作《女训》，以教育其女："心犹首面也，是以甚致饰焉。"所谓相由心生，面由心定，修心才能饰面。他的女儿蔡文姬亦成为著名文学家，写出一唱三叹的《胡笳十八拍》，可见他教女有方、独具匠心。

旷世逸才蔡中郎

蔡邕,东汉末年的文学巨匠、书法宗师与音乐泰斗。他的辞赋情感深邃、文字典雅,为后人所称道。在书法领域,他独创的"飞白体"飘逸灵动,影响至今。同时,蔡邕的音乐造诣也很高。他精通音律,擅长多种乐器,尤以古琴为甚。

据说,有这样一则关于蔡邕的逸事。当初,蔡邕寓居陈留郡,一日,邻居盛情设宴邀请他共饮。待他抵达之际,宴席之上已是酒酣耳热,欢声笑语不绝于耳。此时,屏风后传来阵阵琴声,原来是席间一位宾客正在抚琴助兴。

蔡邕驻足静听片刻,忽而眉头微皱,自言自语道:"咦,这琴声之中怎似暗藏杀机?究竟是何用意?"说罢,他便转身离去。

有人将此事告知主人,主人听闻蔡邕来后却又匆匆离去,心生疑惑。因蔡邕素受乡人敬重,主人不敢怠慢,急忙追上前去询问缘由。蔡邕见状,便将心中思虑和盘托出。众人听闻后皆惊愕不已。

此时，弹琴之人赶忙解释道："方才我弹琴之时，见一螳螂正欲捕食一只鸣叫的蝉。那蝉欲飞未飞之际，螳螂已蓄势待发。我心中一惊，唯恐螳螂错失这稍纵即逝的良机。想必是这份紧张与担忧融入琴声之中，才让蔡先生感受到了所谓的'杀机'。"

蔡邕闻言微微一笑，颔首道："原来如此。这份紧张与担忧，抵得上'杀机'了。"

从这个故事中，我们也能看出蔡邕的琴技之高，单听旋律，便能领悟弹琴之人的心境。其在音乐上的造诣，也传承给了他的女儿蔡文姬。在《三字经》中，她以"蔡文姬，能辨琴"之句被传颂千古。那么，这究竟是怎样一段佳话呢？

蔡邕作为一代宗师，常常沉醉于琴声之中。某日，正当他指尖跃动、琴声流淌时，一根琴弦突然崩断。他步出室外，恰见年幼的蔡文姬正在嬉戏。蔡文姬不经意地说道："父亲，你的第二根琴弦断了。"彼时，她才6岁。

蔡邕惊愕之余，疑心女儿偷窥，然而蔡文姬却笃定地说："我并未偷看，只是感觉到了。"为了验证女儿的话，蔡邕在蔡文姬无法窥视的情况下，故意弄断了一根琴弦，然后询问她是哪一根。蔡文姬毫不犹豫地答道："这次是第四根断了。"蔡邕闻言大为震惊，深感女儿拥有非凡的艺术天赋。

蔡邕在文学、音乐和书法等方面的造诣均达到了极高的境界。蔡文姬不仅继承了父亲的琴艺，其书法成就亦是非凡。

唐朝著名画家张彦远[1]，于其著作《法书要录》[2]中，详细记录了自东汉至中唐六百余年间书法流传之史迹，其记述颇为引人入胜。

张彦远说，蔡邕曾蒙神仙点化，因此其书法宛若天成、极富神韵。自那以后，他的书法技艺便世代相传，但每代传承人均寥寥无几，通常仅有一两位得到真传。在这漫长的传承过程中，蔡邕首先将书法传给其女蔡文姬，蔡文姬再将其传给钟繇，钟繇又悉心传授给卫夫人，卫夫人继而将其精髓传给王羲之。王羲之承袭前人，并发扬光大，又将其传给儿子王献之。而王献之之后，书法大家颜真卿、欧阳询等人亦在这一脉中崭露头角。这些书法巨匠的名字如雷贯耳，而他们的源头，即祖师蔡邕，其书法造诣之深，可想而知。

除了在文字、书法、音乐等领域成就颇丰，蔡邕在家庭教育方面同样出类拔萃，他的事迹极具典范意义。

---

[1] 张彦远（815—907）：字爱宾，蒲州猗氏（今山西省临猗县）人。唐朝大臣、画家、绘画理论家，擅长书画，精于鉴赏。

[2] 《法书要录》：唐代张彦远编撰的一部书法学论著总集，共10卷，为传世最早的书论专集。书中收录了东汉至唐宪宗元和年间各代名家的书法理论文章和著名法书著录等。

谆谆教导见用心

心犹首面皆需饰

蔡邕育有两女，长女蔡文姬名扬四海，次女虽未详其名，但亦于青史上留名。①蔡邕教女有方，特地为两个女儿创作《女训》，其辞甚妙。

蔡邕告诉女儿，要时刻关注自己的内心，就像关注自己的颜面一样，片刻不可轻忽。若颜面未经修饰，则尘埃污垢遍布；若内心不思向善，则邪恶之念乘隙而入。他特别提醒孩子，世人皆知妆点容颜，却不知修炼内心，这实在是大错特错。

为什么一定要注意提升内心修养？蔡邕解释道：若容颜未经妆点，愚钝之人或许仅称其为丑陋；然而，若内心缺乏修养，将会被人斥为邪恶。被愚者称为丑陋或许尚可容忍，但被

---

① 蔡邕次女为上党太守羊衜之妻、名将羊祜之母，西晋时被封为济阳县君。清朝乾隆年间的《新泰县志》称其为蔡贞姬。

他人指为邪恶,又怎能立足于世呢?

最后,蔡邕非常巧妙地将日常梳妆打扮与内心修养结合,告诉孩子应该怎么做:"每当你揽镜自照、擦拭容颜时,应思及保持内心的纯洁无瑕;涂抹脂粉时,应思及培养内心的平和宁静;施加粉黛时,应思及保持内心的清新明亮;润泽发丝时,应思及保持内心的柔顺谦和;梳理发髻时,应思及保持内心的条理清晰;高立发髻时,应思及保持内心的端正不阿;整理鬓发时,应思及保持内心的严谨整饬。"

通过这段训诫,我们可以穿越历史的长河,深深地感受到蔡中郎的旷世奇才和卓越智慧。他不仅以文字留下了丰厚的文学遗产,更以一位父亲的用心,展现了深厚的爱与独特的指引。

这段《女训》不仅是对其女儿的殷切教诲,更是留予后世的宝贵财富。它提醒我们,在追求外在美的同时,更要注重内心的修养和锤炼,以达到真正的内外兼修。

朋友相交须有道

蔡邕文才高绝,传世佳作颇多。透过这些珍贵的遗墨,我们也得以一窥他的教育理念。在《正交论》中,他系统而全面地阐述了交友之道,为我们提供了深刻的洞见。

在《正交论》开篇,蔡邕提出了择友的原则:朋友是需要选择的。作为君子要选择能够互相学习、促进自己修正和提升的朋友，同时还要特别注意，避免结交那些对自己无益甚至有害的朋友。

既然朋友需要选择，那如何辨别这个人可不可以成为朋友呢？在《正交论》中，蔡邕也给出了具体的指导：当人处于富贵之时，身边往往围绕着众多趋炎附势之人；然而一旦遭遇贫贱，这些昔日的追随者就会纷纷离去。因此，对于君子而言，在选择交友对象时必须谨慎，同时也要深刻反省自己与他人交往的真正动机。

真正的君子，在自己富贵时不会因他人的奉承而沾沾自喜，因为知道这些所谓的朋友可能并非出于真心；在别人贫贱时，君子也不会轻易抛弃旧日的知己。通过观察，总结出一个人接近自己的原因，我们可以大致判断他可能何时离我们而去；同样的，通过观察，发现一个人交往的初衷，我们也可以预见这段关系的最终走向。

那些真正的正直之士，无论身处何种境遇，都能保持一颗平常心。他们在贫贱时不会过分渴望富贵，在富贵时也不会对贫贱之人有任何轻慢之举。这种在任何情况下都能坚守本心、不卑不亢的人，才是真正值得我们尊敬的。

蔡邕的人生沉浮不定，他自己也历经朋友聚散。他对朋友之道，自有一套看法。在《正交论》中，他是这样建议的：朋友之间的相处之道，其精髓在于因道义相投而聚，道义不合而分。对于那些真正的朋友，即便时光荏苒，我们也不会忘记曾经许下的承诺和共度的时光；而对于那些行为不端的朋友，我们应该给予忠告和规劝，但若他们仍旧执迷不悟，我们也应适可而止，以免自取其辱。

因此，真正的君子在交友过程中，会始终秉持高尚的品德和严格的行为准则。他们深知自己的品行值得信赖，从不担心会被他人误解或疏远。即便真的遇到他人的误解或疏远，他们也会首先反省自己，从自身找原因，而不是一味地指责他人。他们懂得，产生过失和怨恨等问题的根源往往在于自身，而非外界。

总而言之，在交往中减少过失和怨恨的关键在于提升自我修养，而非依赖他人的改变。这才是朋友之间相处的真正智慧所在。

绝代才女风华茂

在蔡邕的悉心教导下，蔡家出现了众多才华横溢的子弟。蔡文姬，无疑是蔡家最耀眼的星辰。她自幼便沐浴在书香墨韵之中，不仅在文学领域表现出众，更在音乐与书法上展现出极佳的才能。

可惜的是，蔡文姬的一生可谓命运多舛，充满了曲折与坎坷。她早期与河东才子卫仲道结为连理。然而时运不济，卫仲道英年早逝，且二人未有子嗣，蔡文姬只得含泪回到娘家，寻求亲情的慰藉。

兴平二年（195），中原动乱，经历了董卓、李傕等的相继作乱后，南匈奴趁火打劫，发动叛乱。在这场浩劫中，蔡文姬不幸被匈奴左贤王掳走。在异族生活的12年间，她诞下两个孩子，但心中却无时无刻不思念着故土。

曹操与蔡邕的私交甚笃，当曹操统一北方、威震天下之时，却得知挚友蔡邕已然辞世，其女蔡文姬流落他乡。曹操对蔡文姬的遭遇深感同情，决定将其从匈奴人手中赎回。

曹操派遣使者，携带丰厚的黄金和玉璧作为交换条件，与南匈奴进行谈判。经过一番周折，曹操终于如愿以偿，蔡文姬也得以重返故土。

蔡文姬归汉后，曹操深感故人之情，将她许配给了校尉董祀。曹操希望通过这门亲事，蔡文姬能安定下来，过上平稳的生活。

然而，命运对蔡文姬的考验并未结束。后来董祀不慎犯了死罪，曹操大怒，要将他处斩。蔡文姬闻讯，赶去向曹操求情，希望能免去丈夫的死罪。恰逢曹操正在宴请宾客，他便对众人说道："蔡伯喈女在外，今为诸君见之。"[1]

当蔡文姬走进大堂时，所有人都为之震动。尽管天气寒冷，她却全然不顾，披头散发，赤脚而行。她哭泣着向曹操哀求，希望他能网开一面饶恕自己的丈夫。在场的宾客无不为她的遭遇感到同情，然而曹操却面露难色，推脱说："命令已经发出，我也无能为力。"

蔡文姬听后，毫不退缩，反驳道："明公您养了那么多匹千里马，还有那么多骁勇的将士，为什么不派一位勇士骑快马去收回命令，以挽救一条濒临死亡的生命呢？"曹操为其情理而感动，于是下令截回了处斩董祀的命令，保全了其丈夫的性命。

从这段传奇故事中，我们不仅看见了蔡文姬的非凡胆识与

---

[1] 范晔：《后汉书》，中华书局，2005。

高妙才情，更看到了她在逆境中的坚忍与不屈。

在历史的印记中，蔡文姬的形象是丰富的，但总绕不开"才女"二字。某次，曹操在与蔡文姬的闲谈中，无意间提及了蔡邕的丰富藏书。他深知蔡邕作为大家，所藏之书必定是无价之宝，可惜由于战乱，这些书卷大多已散佚。曹操对此十分惋惜，试探着询问蔡文姬还能否回忆起其中的内容。

蔡文姬略作思索，便轻声回应道："虽然无法再现全部藏书，但却能清晰记得四百余篇的内容。"曹操闻言大喜，他立刻提出一个建议：派遣10名书吏前往蔡文姬的府邸，由她口述，书吏们记录，以期能够复原这些失落的珍贵典籍。

然而，蔡文姬却以"男女授受不亲"为由，婉言谢绝了。她向曹操请求纸笔，表示愿意独自承担起默写书卷的重任。曹操对她的决心深感钦佩，便欣然应允了她的请求。

在随后的日子里，蔡文姬闭门谢客，心无旁骛地投身于默写工作之中。凭借着非凡的记忆力和对文化的热爱，她竟然一字不差地默写出了这四百余篇古文。由此我们也可窥见其惊人的记忆力与深厚的文化涵养。

后来蔡文姬感伤乱离，写下了流传千古的《悲愤诗》二首。她在诗中深情地叙述了自己在战乱中被掳入匈奴的悲惨经历，以及重归中原的种种感受。她用文字描绘了对故乡的深深眷恋，同时也表达了对战乱中百姓所受苦难的深切同情。

《悲愤诗》不仅以其真实的情感打动了无数读者，更因其深刻的社会意义和历史背景，被誉为中国古代文学宝库中的一颗璀璨明珠。它不仅是蔡文姬个人遭遇的写照，更是那个动荡时代的缩影，成为后人了解和研究当时历史的重要文献之一。

千余年过去了，我们仍能从诗中读到，在那个颠沛流离的乱世中，蔡文姬所经历的悲欢离合：我时常沉浸在思念父母的伤感中，无尽的哀伤萦绕心头。每当有客自远方来，我总会怀揣着一丝期待去迎接，希望能听到关于家乡的消息。然而，这往往都是虚妄的欢喜，那些消息并非我所期盼的。终于有一天，我意外地获得了回家的机会，终于能有机会回到故土，和亲人再相聚了。可是，我想要从这困境中解脱，就不得不面临与儿子的生离死别。母子连心，情深似海，这一别便是永诀，叫我如何忍心告别我那幼小的孩子！儿子紧紧抱住我的脖子，泪眼婆娑地问我："母亲，您要去哪里？他们说您要一个人回老家去了，那您以后还会回来吗？母亲，您一向对我们很是疼爱，为何如今能这么狠心？母亲，我们都还没有长大，你怎能忍心抛下我们不管呢？"孩子说的这番话让我心如刀绞，几乎要崩溃。

在诗中，我们不仅能感受到蔡文姬的才情，更能深深体会到一位母亲与孩子别离时悲痛欲绝的心情。然而，对于当时的蔡文姬来说，她身如浮萍，无法掌控自己的生活和亲人的命运。而这种流离之痛即使回到故土，也难以减轻半分。但她的才情与德行却留在了史传中,也感动着后世之人。

蔡文姬的才华应归功于其父蔡邕的精心栽培。这种教育的力量不仅深深印刻在蔡文姬的生命中,还如同绵延的河流,流淌在历史的长河里。

据载,蔡邕的次女嫁与山东羊家。西晋的一代名将羊祜,便是这位蔡氏之子,也是蔡邕的亲外孙。羊祜的个人成就在某种程度上也能显露出蔡家教育的深远影响。

巾帼未必让须眉

深入探究蔡文姬的成长轨迹,我们不难发现蔡邕在女儿教育上的深思熟虑与远见卓识。他悉心教导蔡文姬诗文、书法、琴艺,将自己的一身才华全部传授给她。蔡文姬也没有辜负父亲的栽培,琴棋书画,无所不精。韩愈曾说:"中郎(蔡邕)有女能传业。"[1]蔡文姬虽为女子,但其才华横溢,得到了世人的认可与赞叹。

除了培养蔡文姬的文化素养,蔡邕还超越了时代的局限,以开明的心态和长远的目光培养蔡文姬独立思考、修养身心的能力,其所作的《女训》就是证明。父亲死后,蔡文姬虽然一直颠沛流离,但始终不屈不挠,用饱蘸血泪之笔,创作了《胡笳十八拍》《悲愤诗》。金元时期著名大儒郝经评价蔡文姬为"婉娩淑女,与士并列。至柔动刚,彤管炜节"[2]。

可以说,蔡邕的教女之道在当时的社会背景下无疑具有前

---

[1] 出自唐代韩愈所作的《游西林寺题萧二兄郎中旧堂》。
[2] 出自元朝郝经所撰的《续后汉书》。

瞻性和先进性，它不仅展现了古代知识分子对女性教育的独特见解，更有力地打破了"女以弱为美"的陈旧观念。

一些人持有这样的误解，认为女性无须过多学习，只要安心守己、待嫁从夫，便可一生无忧。然而，这种观念早已过时，它束缚了女性可能的发展。

事实上，每个人都拥有无限的可能，特别是在教育方面。父母不应限制女儿的视野和梦想，不要给她们灌输"嫁得好胜过做得好"的观念。这样的期望不仅过于狭隘，而且风险极高。好伴侣不易得，自身若无相匹配的能力和价值，又怎能吸引到理想的另一半呢？过分的宠溺和狭隘的教育只会让女儿变得拘谨和小气，对她们的人生无益。

父母应该鼓励女儿追求更高、更远的目标，也应该告诉她们，女性同样可以在各个领域创造伟大的价值，为世界和社会做出贡献。这样，她们的人生才会更加丰富多彩，充满无限可能。

除了关注教育，父母还要给予孩子爱的滋养。

作为家长，我们应该深知给予孩子，特别是女儿充足的爱的重要性。一个人只有真正感受到爱，才能学会如何去爱，如何去付出。如果她从小缺乏爱的滋养，那么她长大后可能难以理解和表达爱。

例如有一对恋人，女孩对男朋友的管束过于严苛，每天查岗查得他快要崩溃，男孩忍无可忍，最终提出分手。女孩无法理解，她不懂为何自己深爱对方，却得到了这样的结果。其实，这并不是说她不爱对方，而是爱的方式出了问题，她的爱变得畸形，让对方无法承受。而出现这种状况的根本原因，是她自己缺乏爱的能量、缺少安全感。因此，我们要给予孩子足够的爱的能量，这对于他们未来发展出健康的关系至关重要。

作为父亲，对待孩子，特别是女儿，更要倾注无尽的爱。这种爱的滋养将伴随她们一生。要知道，在孩子人生早期建立的亲子关系，对一个人的生命品质有着深远影响，这里所说的影响包括在婚姻品质、生活品质以及身体健康状况等各个方面。

那么，如何给予孩子爱的滋养呢？

让女儿在生活中感受到来自父母的爱，让她感知到自己的存在价值是关键。我们可以通过爱的表达，特别是积极的语言，让孩子感受到爱，并帮助她建立积极的自我认知。

比如我经常对女儿说："女儿，我爱你，有你真好，你越大越懂事了。"这些话语不仅让她感到被爱，还帮助她塑造了一个积极向上的自我形象。

除了父亲的爱，夫妻关系的和谐也是给予孩子爱的滋养的重要因素。孩子的幸福认知，特别是对婚姻关系的认知，很大程度上来源于父母之间的相处。如果夫妻关系紧张、经常争吵，那么即使我们再爱孩子，她未来婚姻幸福的概率也会大大降低。

  此外，对于女孩子来说，建立明确的是非观念尤为重要。因为相对来说，女性的思维大多偏向感性。作为家长，特别是作为父亲，我们需要将自己的人生经验传授给女儿，帮助她建立起更具理性思考的能力，以识别并远离那些可能会伤害她的人或事。

  及早规划孩子的教育也是至关重要的。一个人越早明确自己的人生目标，就越能早早地向着目标发起冲击。我们可以在日常生活中观察孩子的兴趣和特长。如果家长发现孩子对某些领域很感兴趣，就可以鼓励她多尝试该领域的活动，并为她提供相关的资源和建议。同时，也要注意拓宽孩子的眼界。家长可以经常带孩子去旅行、参观博物馆、欣赏艺术展览等，让她接触不同的人、事、物，开阔她的视野。

  我们要相信，不管是男孩，还是女孩，只要家长用心培养、正确施教，都会有精彩未来。这是历史上曾发生过的事实，也是我们对孩子未来的美好愿景。

司马谈

发宏愿育史圣

他博采众长，曾"学天官于唐都，受易于杨何，习道论于黄子"；他学识渊博，曾为文"论六家之要指"。他感慨孔子死后400多年间，诸侯兼并，史记断绝，自己也未能尽到太史公的职责，因此希望自己的孩子承袭志愿。其子司马迁不负所望，最终写出了被鲁迅先生誉为"史家之绝唱，无韵之《离骚》"的《史记》，从而名垂青史。

有其父方有其子

司马谈,西汉时期的史学家,左冯翊夏阳县(今陕西省韩城市)人。汉武帝建元至元封年间,他担任太史令这一重要职位,掌管国家图书典籍、天文历算,并兼管文书、记载大事。

说起司马谈,他其实还有一个更广为人知的身份,那就是司马迁的父亲。司马迁,西汉时期著名的史学家、文学家和思想家。他以深邃的洞见、高绝的史才和高尚的品德,在史学领域抵达了后人难以企及的高度,被尊称为"史圣"。其所著述的《史记》是中国历史上第一部纪传体通史,被列为"二十四史"之首。

当我们探究司马迁的伟大成就的成因时,不禁要问:除了天赋异禀的才智与坚韧不拔的意志,还有哪些关键因素铸就了这位史学巨匠呢?

俗话说:"文以载史,史以文传。"在被鲁迅先生称为"史家之绝唱,无韵之《离骚》"的《史记》中,我们可以读出激荡的历史风云,也可以窥见司马氏父子的家庭往事。我们会清楚地认识到：司马迁能成为一代史学巨擘，其父司马谈起到了至关重要的作用。

博学多才太史令

司马谈的人生中，有一个尤为重要的身份标签，那便是太史令。相传夏末已有此官职。秦朝始设太史令一职，西汉承袭这一职位。汉武帝又特设太史公，要求担任者既要精通天时星历，又要肩负起记录国家大事、搜集并珍藏典籍文献的重任。而汉武帝选中的人正是司马谈。

司马谈为何能够胜任这一要职？这就不得不从他的人生经历说起了。

司马谈成长于汉王朝的文景盛世，那是一个文化繁荣、学术氛围浓厚的黄金时代。他自幼便对学问怀有浓厚兴趣，广泛涉猎多个领域，尤其在天文学、易学和黄老之学方面，他的造诣颇深。

据其子司马迁所述，司马谈曾"学天官于唐都，受易于杨何，习道论于黄子"，唐都、杨何、黄子均为当时各自领域的顶尖学者，他们的教诲为司马谈的成就奠定了坚实的学术基础。

在天文学方面，司马谈师从唐都。唐都这位星象观测专家对日月星辰的运行规律了如指掌。在唐都的悉心指导下，司马谈不仅掌握了丰富的天文学知识,还培养了敏锐的观察力和精准的分析能力。这使得他在日后的工作中,能够准确地记录和解读天象,为国家的决策提供重要依据。

在易学方面,司马谈受教于杨何。他与杨何深入探讨了阴阳吉凶的奥妙及其与天文星象的紧密联系。杨何的教导不仅拓宽了司马谈的学术视野,也使他对宇宙万物的运行规律有了更为深刻的理解。这种跨学科的知识储备,为他在太史令职位上记录国家大事、预测吉凶祸福提供了有力的支撑。

此外,司马谈还曾修习黄老之术,与黄子探讨道论精髓。黄老之学作为当时统治阶级的意识形态之一,深刻地影响了汉初的政治和社会生活。通过深入学习黄老之学,司马谈对国家的为政理念、政策制定等有了更为独到的见解,这也为他在太史令职位上搜集典籍、编撰文献提供了宝贵的思想源泉。

综上所述,司马谈之所以能够胜任太史令这一重要职位,不仅得益于他全面系统的教育背景,更在于他拥有敏锐的观察力、精准的分析能力以及跨学科的知识储备。正是这些丰厚的素养,使得他能够胜任太史令这一要职,为后世留下宝贵的历史遗产。

包容并蓄论六家

司马迁在《史记·太史公自序第七十》中,重点论述了父亲司马谈的一段往事:"我的父亲在建元至元封年间做官,他忧虑学者不能通晓各学派的要义悖谬,于是论述阴阳、儒、墨、名、法和道德六家的要旨说……"

司马谈这一论说被命名为《论六家要旨》,它是中国古代学术史上的瑰宝。这篇文章以精练的文字对先秦时期的阴阳、儒、墨、名、法、道六大学派进行了深刻的剖析与评述。

通过此文,我们不仅可以一窥各学派的思想精髓,更能感受到司马谈那种严谨、深邃的学术精神。

在该文中,司马谈首先概述了各家的基本观点。例如对于儒家,他评价道:"儒者以六艺为法,六艺经传以千万数,累世不能通其学,当年不能究其礼。"这里,司马谈准确地指出了儒家学说以六艺为根本,内容博大精深,非一朝一夕所能穷尽。而对于墨家,他则说:"墨者亦尚尧舜道,言其德行曰:'堂高三尺,土阶三等,茅茨不翦,采椽不刮……'"在这里,司马谈强调了墨家对尧舜之道的推崇,以及其尚俭的特点。

在具体精神上,司马谈的《论六家要旨》首先体现了求真务实的精神。他对各家的评价都是基于对各家学说的深入理解和研究所得出的,对于各家他不妄加评判,不随意臆测。例如在评价法家时,他明确指出:"法家不别亲疏,不殊贵贱,一断于法,则亲亲尊尊之恩绝矣。"这里,司马谈准确地把握了法家"一断于法"的核心思想,并对其可能带来的社会影响进行了客观的分析。

其次,司马谈在文章中展现了批判性的思维。他并不是简单地罗列各家的观点,而是对各家的学说进行了深入的剖析和批判。例如在评价道家时,他既肯定了道家"因阴阳之大顺,采儒墨之善,撮名法之要"的优点,也指出了其"与时迁移,应物变化,立俗施事,无所不宜"的灵活性可能带来的问题。

最后,司马谈的《论六家要旨》体现了包容并蓄的精神。他并没有因为自己的学术立场而偏袒或贬低某一家学说,而是以开放、包容的态度来对待各家的思想。这种精神在当时的学术环境中是难能可贵的。

求真务实启后人

司马谈的《论六家要旨》不仅在中国古代学术史上占据了举足轻重的地位,更对其子司马迁产生了深远的影响。某种程度上,它塑造了这位伟大的史学家的学术风格和人生格局。

作为一位严谨的学者,司马谈以求真务实的态度深入探究了先秦学术。他的这种精神在司马迁身上得到了完美传承。在编撰《史记》时,司马迁继承了父亲对历史的敬畏和对真相的追求精神。班固在《汉书》中赞道:"自刘向、扬雄博极群书,皆称迁有良史之材,服其善序事理,辨而不华,质而不俚,其文直,其事核,不虚美,不隐恶,故谓之实录。"这种对史实准确性的不懈追求,使得《史记》成为一部真实可信、价值连城的宝贵资料,为后世的历史研究提供了坚实的基石。

同时,司马谈的批判性思维也深深烙印在司马迁的史学观念中。司马谈敢于质疑传统、勇于挑战权威,这种精神在司马迁的史学研究中进一步地发扬光大。司马迁不仅以客观公正的态度记述历史,更敢于深入挖掘历史事件背后的社会、政治、文化等因素,对传统观念进行大胆质疑和深刻反思。这种批判性思维为后世历史研究注入了新的活力,推动了历史学的不断进步和发展。

此外,司马谈的包容并蓄精神也在司马迁的史学研究中得到了完美体现。他以开放、包容的心态对待各种历史资料和观点,努力展现历史的多样性和复杂性。宋代学者郑樵评价《史记》:"使百代而下,史官不能易其法,学者不能舍其书。"这种精神使得《史记》不仅关注统治阶级的历史,更广泛涉及社会各阶层人民的生活与命运,成为一部具有广泛社会基础和历史深度的伟大著作。

可以说,司马谈与司马迁父子,以其求实求真的学术精神和严谨的治史态度,赢得了自古及今历代学者的高度认可和赞赏。他们不仅在中国历史学上留下了深刻的印记,更为后世史学研究树立了不朽的典范。

史学巨擘非天成

家族使命莫敢忘

司马谈对司马迁的影响不仅体现在对其文学和学术追求的指引,更体现在对其责任感和使命感的教育。他深知,作为司马家族的一员,传承家族的荣耀与使命是至关重要的。

司马谈在司马迁很小的时候就告诉了他司马家族的来龙去脉。这样的举动,无形中在司马迁心中种下一颗种子,那就是"家族使命非凡,我要继承并发扬光大"。

司马迁在《史记·太史公自序第七十》开篇介绍自己的家世传承,他说在五帝时代颛顼统治天下时,颛顼任命南正重掌管天文,北正黎掌管地理。唐虞之际,重、黎的后代继续掌管着天文、地理。到了夏商时期,重黎氏世代掌管天文地理。周朝时,程伯休甫就是他们的后裔。周宣王时,重黎氏因为失去了职守而成为司马氏。司马氏世代掌管着周史。这便是司马家族世系的起源。

随着历史的变迁，司马家族在周惠王、周襄王时期离开了周王畿，定居于晋国。后来，晋国中军将随会奔逃到秦国，司马家族也随之转入了秦国的少梁地区。在这个新的环境中，司马家族继续发扬史官世家的传统，为秦国的崛起贡献了智慧与力量。

司马迁的直系祖先中，有一位著名的武将——司马错。他生活在战国中期，他的高明策略为秦国的扩张立下了功劳。在秦惠文王时期，司马错曾在朝堂上与张仪辩论伐蜀与伐韩的利害，他认为经济基础是国家强大的根本，主张伐蜀以获取更多资源。秦惠文王采纳了他的建议，派他出兵讨伐巴蜀，最终取得了胜利并成功守住了这片土地。

司马错的孙子司马靳也是一位杰出的将领，他参与了著名的"长平之战"。可以说，司马家族为秦国的统一奠定了坚实的基础。然而，历史总是充满了曲折与变化，司马靳最终也与武安君白起一同被赐死在杜邮，葬在了华池。

尽管历史的车轮滚滚向前，但司马家族的荣光却代代相传。正是这份对历史、对家族的敬畏，造就了司马迁伟大的抱负和责任感。他在《史记·太史公自序第七十》中将远古的祖先追溯至颛顼时期的天官。他强调自己的史官家世，将世系上推到重黎之后，自视有世典周史的荣耀。这份对家族与历史的深厚情意，也成为他创作《史记》的不竭动力与源泉。

成才须有百年计

优秀的人才很多，但其中只有极少数是天纵之才，绝大部分都是教育的结果。而教育需要远见、需要规划，也需要细致的落实。

成才须有百年计，也就是说想让一个孩子成才，很多时候需要进行系统全面的计划。从现有材料来看，司马谈对司马迁的培养，为我们展现出了一个精心布局且相当完善的教育计划。

这一计划从司马迁幼年时期开始，一直贯穿其成长的各个阶段，形成了一个全方位、多层次的教育体系。

在启蒙阶段，司马谈便让司马迁接触并学习当时深奥难懂的古文。这种颇具前瞻性的做法为司马迁日后深入研究历史文献打下了坚实的基础。为了确保儿子能够接受最优质的教育，司马谈礼聘了当时最优秀的学者作为他的老师。在董仲舒、孔安国等大学问家的悉心指导下，司马迁学习了《春秋公羊传》、古文《尚书》等儒家经典，并广泛涉猎其他学术派别的学问，进行了系统的学术训练。

随着司马迁的成长，司马谈的教育计划也逐渐深入。他明白，真正的学问不仅来源于书本，更来源于生活和实践。因此，在司马迁20岁时，司马谈支持并安排他进行了一次长途游历。这次游历对于司马迁来说，无疑是一次人生的洗礼。

25岁左右时，司马迁又以郎中之职出使西南，担负起在西南设郡的任务。他的足迹遍及"邛、莋、昆明"等地，与各民族进行交流，了解他们的历史和文化。这次经历进一步丰富了司马迁的历史知识，也加深了他对多元文化的认识。

除了学术和实践方面的培养，司马谈还非常注重司马迁性格和思维的培养。他明白，一名优秀的史官不仅需要渊博的知识和严谨的治学态度，还需要独立的思想和坚韧不拔的性情。因此，他在日常生活中不断锤炼司马迁的意志，培养他的独立思考能力。这种教育方式虽然严格，但却极具成效。

司马迁在《史记》中所展现出的那种求真务实、敢于质疑的精神，正是司马谈教育的最好体现。

壮游四方养浩气

20岁左右时，司马迁生出了游历天下之志。然而，当时的司马迁还很年轻，也没有官职和名望，想远游四方几乎是不可能的。但他并没有放弃。当他向父亲表达自己的想法时，司马谈非常高兴，并予以全力支持。

司马谈不仅资助了司马迁的旅费，还利用自己的人脉关系，为他提供了诸多便利。例如他拜托了驿站的朋友在通信方面给予帮助，让司马迁在旅途中能够得到及时的支持。这些无疑为司马迁的游历之路提供了重要的保障。

司马迁在《史记》中深情地记录了他年轻时的这次游历："二十而南游江淮，上会稽，探禹穴，窥九嶷，浮于沅湘；北涉汶泗，讲业齐鲁之都，观孔子之遗风……"

司马迁从繁华的长安城出发，穿越河南、湖北的秀美山川，最终抵达湖南长沙。在这里，他特地前往汨罗江畔，凝视着屈原投江自沉的悲壮之地，感受着那份深沉的爱国情怀。

随后，他溯湘江而上，攀登神秘的九嶷山，亲自勘察了大舜长眠的圣地。紧接着，他又辗转至庐山，实地考察了夏禹通九江的古老传说，试图探寻那久远的历史遗迹。

之后，司马迁不辞辛劳，远行至浙江的会稽山，那里是大禹的安息之地。他怀着敬畏之心，探寻了民间传说中神秘的禹穴，感受着古代圣人的伟大与不凡。

北归的途中，他渡过汶水、泗水，来到齐、鲁两地的文化中心。在这里，他与当地的士大夫们深入讨论学术问题，共同考察孔子的遗风。他还在邹县、峄山进行行乡射之礼，体验了古代文化的独特魅力。

之后，他来到彭城、沛郡一带，搜集了刘邦、萧何、曹参、周勃、樊哙等秦末农民战争中的英雄的故事。他实地踏访了楚汉相争的古战场，感受着那些惊心动魄的历史瞬间。

最后，经过梁、楚之地，司马迁终于回到了熟悉的家乡。这次考察历时两三年、行程万余里，旅途中也充满了艰辛与挑战。他跋山涉水，风餐露宿，走遍了大半个中国；他深入民间巷陌,与百姓交流,了解各地的风土人情和历史文化;他登上名山之巅,俯瞰大汉的万里江山。这一路上,他不仅增长了见识,也磨炼了意志,为日后编写《史记》奠定了坚实的基础。

可以说,这次旅程不仅是司马迁个人的一段重要经历,更体现了他父亲司马谈的精心培养。得益于这样一位父亲的鼓励与支持,司马迁方能成为伟大的历史学家。

司马迁丰富的成长经历也深刻诠释了教育的真谛:它不仅要求传递知识,更需要拓宽人的视野,塑造其宏大的格局,以及培育责任感和担当精神。孩子唯有亲身探索这个广阔的世界,才能获得真正的进步与成长。

父命如山担大任

铭记遗训著青史

汉武帝元封元年（前110），在泰山之巅，一场盛大的封禅仪式正在举行。汉武帝身着华服、神情庄重，虔诚地向天地献上祭品，以此向天下昭示自己乃天命所归。

然而，在那神圣而庄严的时刻，身为史官本应随行记录这一盛事的司马谈，却意外地未能出现在泰山之巅，而是滞留在了洛阳。

关于他缺席的原因，从古至今流传着不同的说法。其中一说，便是因为汉武帝在封禅一事上过分偏信方士之言，对司马谈的进谏产生反感，命其留于洛阳。另一种说法是因为司马谈中途生病，所以未能随行。

无论何种原因，未能见证并书写这一历史盛况，对于司马谈无疑是一次巨大的打击。遗憾和失落萦绕在他的心头，难以消散。

恰在此时，从西南归来的司马迁亦赴洛阳，与病榻上的父亲得以相会。

见到儿子的司马谈心中甚慰，他紧紧拉住司马迁的手，不无伤感地说："我们的先祖是周朝的太史。远在上古虞夏之际，我们的祖先便以掌管天文地理之事显名于世。如今，这样的传承日渐衰微，今天会断绝在我手里吗？我去世之后，你继续做太史，这样方能承继我们祖先的事业。现在天子延续数千年来的传统，在泰山举行封禅大典，我却无法随行，这是命啊，是命啊！我死之后，你必定做太史；你做了太史，千万不要忘记我一直想写的历史著述。再说，孝道始于奉养双亲，进而侍奉君主，最终则在于立身扬名于后世，以此使父母显耀。这才是最大的孝道。"

司马谈深吸一口气，继续说道："天下人皆称颂周公之德，因为他能传颂文武之道、弘扬周邵遗风，明达太王、王季之深谋远虑，乃至追溯公刘的德行，以尊崇后稷所开创的伟业。然而，自周幽王、周厉王之后，王道残缺，礼崩乐坏，幸好孔子崛起，修复旧典，振兴废弃之学，阐释《诗》《书》，编述《春秋》，为后世学者树立了榜样。但自鲁哀公获麟以来，四百余年过去了，诸侯纷争不断，历史记载中断。如今大汉兴盛，海内一统，众多明主贤君、忠臣义士的事迹，我身为太史却未能记录下来，致使天下史文残缺不全，我对此深感惶恐。你定要牢记此事，完成我未竟之志。"

司马迁看着病榻上虚弱的父亲，强忍悲痛，无比坚定地回答道："儿子虽不才，但定会竭尽所能，整理父亲传下来的旧闻，不敢有丝毫遗漏。"他深知，父亲临终前的嘱托，不仅饱含着对他个人的期望，更浸透了对文化传承的热望。

司马谈的遗言，充满了对天下大道的憧憬和对家族使命、文化传承的追求。他的嘱托不仅影响了司马迁的一生，更成为中华文化传承的不竭动力。在司马迁看来，他不仅仅是为了自己、为了父亲、为了司马家族而活，更是为了中华文化的繁荣与传承而活。

作为中国人，我们应当深感庆幸，有了司马谈父子这样的杰出人物，我们才能够更加真实、全面地了解汉代以前的历史，避免了只能依靠道听途说了解历史的尴尬境地。

司马谈离世后，司马迁在守孝期满后接任太史公一职，肩负起整理历史资料的重任。关于为何要致力于整理历史，他曾有过这样的表述："父亲说过，周公去世500年后，孔子出现并整理了周公之后的历史文化；而从孔子去世到现在也是500年，不正是又一次整理历史文化的时候吗？我又怎敢辞让！"

司马迁之所以有这样的气度和胸怀，勇于承接这一历史使命，很大程度上是受到了父亲的影响。正是在父亲的精心教育之下，他逐渐成长为最适合担当这一重任的人选。

忍辱负重终立言

父亲司马谈的临终嘱托,使司马迁的人生轨迹发生了重大转变。接任太史公一职后,他深刻地认识到,编纂史书是自己义不容辞的责任。于是在父亲遗留的史稿基础上,他谢绝宾客往来、忘却家事私情,专心致志地投入到修史之中。

由于当时缺乏可直接借鉴的图书,加之国家所藏的典籍散乱无序,司马迁面临着重重困难。

他首先要对既有的典籍进行系统的整理,然后再从浩如烟海的图书中摘录出史实,进行细致的考辨和有序的缀集。除此之外,他还需深入民间,广泛搜集流传的历史故事和传说,并以严谨的态度对这些素材进行论述和考证。由此可见,《史记》的编纂工作十分艰巨。

然而,天有不测风云。就在司马迁专心致志地修史之时,却发生了一件震惊朝野的大事。

当时,李陵[①]率军与匈奴交战,兵败后投降。消息传回长安后,汉武帝震怒,群臣纷纷上言,认为应追究李陵的罪责。然而,司马迁却持不同看法。他认为李陵虽然战败被

[①] 李陵(?—前74):字少卿,西汉名将、飞将军李广长孙。天汉二年(前99),跟随贰师将军李广利出征匈奴,率五千步卒与八万匈奴兵战于浚稽山,因寡不敌众、救援不继而败投降。

俘，但其本意是想在今后寻找机会立功赎罪，以回报汉朝。

实际上，司马迁与李陵并无深厚交情，志趣也不相投。他之所以为李陵辩护，一方面是因为他观察到李陵为人孝顺、信守诺言、廉洁奉公、谦恭有礼，怀有报国之心；另一方面则是想通过论述李陵的功绩来宽慰汉武帝。

然而，汉武帝却误解了司马迁的意图，认为他是在诋毁其他将领而为李陵开脱罪责，于是将司马迁治以重罪。

依当时的律法，重罪之人可以通过缴纳金钱来赎罪。但司马迁为官清廉，家中并无多余钱财。他面临的选择残酷而无奈：要么慷慨赴死，保持名节的清白；要么接受屈辱的宫刑，苟且偷生。在这个生死攸关的时刻，他想起了父亲的殷切期望和临终嘱托。

为了完成历史使命，司马迁不得不忍受极大的耻辱接受宫刑。他说："我之所以隐忍苟活，身陷粪土般的污秽之中而不辞，是因为我内心的愿望尚未实现，我担心自己的才华和文采无法在后世得到彰显。"

我想，在司马迁最艰难的时刻，父亲司马谈修史的嘱托一定在他脑海中久久盘旋。这应该是他坚持活下去的最初动力。

为了坚定信念，司马迁还举出古代圣贤的事例来激励自己。他说："西伯被拘禁在羑里时推演出了《周易》；孔子在陈蔡之间遭受困厄时写成了《春秋》；屈原被放逐后创作了《离骚》；左丘明失明后写出了《国语》；孙膑被砍断双脚后仍然论述兵法……"

通过回顾这些往事，司马迁坚定了自己的信念和决心。他无怨无悔地搜集早已散失的遗闻旧事，辨析史料真伪，探究历史成败的原因和王朝兴衰的规律，终于完成了共130篇的《史记》。他期望能够通过这部作品"探究天人之间的际遇，通晓古今变化的规律"，从而弥补六经之不足，"成一家之言"。

今天看来，司马迁能够创作出这样一部伟大的作品，离不开父亲的教育和自身的信念。

司马家学为良方

定位清晰循序进

司马谈的家庭教育之道,宛如一颗明珠,穿过千年的尘埃,为我们今天的教育之路照亮了前行的方向。

首先,司马谈为司马迁铺设了一条明确的人生道路——承袭家族的史学大业,致力于历史的编纂与传承。这一方向的确立,犹如北斗星,为司马迁的成长之路指明了前行的方向。从中我们也可以看出,一个孩子未来的人生轨迹如何,关键在于父母是否为他设定了明确的发展方向。

"方向不对,努力白费"。如果家长在教育上缺乏明确的方向,孩子往往会无所适从,甚至可能迷失在人生旅途中,这是非常令人担忧的。所以,家长不要以孩子年幼为借口,忽视在教育方向上的把握。

其次,司马谈的教育策略既周密严谨又循序渐进。他深知,培育一位杰出的史学家,绝非一蹴而就的事。因此,他为司马迁量身定制了一套全面的教育方案,从体魄的锻炼到文化的熏陶,再到思维与判断力的锤炼,每一个环节都经过精心的设计与安排。

这种计划性的教育策略,确保了司马迁在成长的道路上能够全面而均衡地发展。这也告诉我们,在教育孩子时,必须制订一套既周密又符合孩子个性的教育计划,让他们能有序且茁壮地成长。

再次,司马谈鼓励司马迁进行多元的尝试。他并未将司马迁局限在狭窄的仕途之中,而是鼓励他追求自己的兴趣,让他在历史的海洋中自由遨游。这种多元化的培养方式,让司马迁得以在史学的殿堂里挥洒才华。

在当今社会,我们对孩子的培养也应该引入多元性的思考。不要将读好书、考好大学、考上公务员或找一份好工作视为唯一的发展方向。事实上,每个人的人生都拥有无限可能性,每个孩子都有适合自己的独特的发展道路。

如果司马迁没有致力于记录历史、创作《史记》,他可能只会成为芸芸众生中的一员。然而,时隔2000多年,人们仍然铭记着司马迁的伟大贡献。只要中华文脉传承不断,总会有人知晓他、纪念他,因为他做出了一项利在千秋的事业。

从当时的社会环境来看,著书立说或许并非带来功名利禄的选择。然而,作为父亲,司马谈为儿子指引的教育方向却充满了远见卓识。这种不以短期功利为目标的教育理念,值得我们今天的教育者和家长借鉴。

最后，司马谈深知参与实践在孩子成长中的重要性。据史料记载，司马谈在整理历史典籍时鼓励孩子参与其中，一同探寻历史的奥秘。在产生疑惑时，他也会与孩子一起搜寻相关资料，让孩子在实践中感受历史的魅力。

这种鼓励参与的教育方式对孩子的成长具有深远的意义。通过亲身参与，孩子不仅能发现学习中的乐趣，激发其对知识的渴望，还能在探索的过程中更加客观地认识自己，从而明确自己的人生追求。

司马谈的教育方式可启发后来人。简而言之，一要为孩子设定明确的目标；二要制订周密的教育计划；三要提供多元的成长路径；四要以参与实践提升孩子的能力。还请切记！

三足鼎立可致远

司马迁最终能成为一位伟大的史学家，这是否应完全归功于当时的官学，即学校教育呢？或者更明确地说，孩子的成才是否可以完全依赖于学校教育呢？

将全部期望和责任都寄托在学校教育上，这样的观念显然是片面且有局限性的。事实上，学校教育只是孩子成长过程中的一部分，它提供了基础的知识和技能，但却无法涵盖一个孩子全面发展的所有方面。

在中国悠久的历史长河中,官学并非唯一的教育形式,师学同样占据着举足轻重的地位。以孔子为例,他的众多弟子通过向他学习,不仅掌握了丰富的知识,更在文化传承方面发挥了重要作用。

师学的精髓在于文化的传承与发扬。孔子创立了儒家学说,他的弟子则致力于将这一思想体系广泛传播,使其成为中华文化的重要组成部分。同样的,墨家、法家、道家等学派也通过师学的方式,将各自的文化理念代代相传,不断发扬光大。

除了官学和师学,家学更在中国传统教育中占据着至关重要的地位。与官学和师学不同,家学的核心在于塑造个体的人格。通过家庭教育的熏陶和培育,孩子们能够形成健全的人格,这为他们日后的学习和成长奠定了坚实的基础。

通过家学,一个人的人格得到了良好的塑造,他也就具备了正确的学习态度和价值观,那么他在师学中便能更好地领悟老师所传授的知识。同样的,在健全人格和社会责任感的支持下,当他进入官学时,他也能够更好地吸收知识,并积极地为社会做出贡献。

在中国的教育架构中,家学、师学和官学长期以来并行不悖,宛如三驾马车,共同驱动着中华文化的传承与发展。正是这三者的相互交织、互为补充,才铸就了中华文化的博大精深和源远流长。

然而，令人惋惜的是，时至今日，我们在教育上家学和师学的支撑力不足，仅剩下官学孤独地前行。如果仅凭官学一己之力，难以承担起"三全育人"的重任。因为，家学的缺失将导致人格塑造的根基不稳，而师学的消逝则会让文化传承的脉络中断。

如此局面，实乃中华文化传承之大憾。

我们知道，家学在中国传统教育中占据了举足轻重的地位，它为基础教育提供了坚实的支撑。正因为有了家学的深厚底蕴，师学才得以在其基础上进行补充和拓展，进而使官学在不同历史时期都能展现出独特的风貌。

无论在哪个朝代，无论当时社会的主流思想是法家、墨家、儒家还是道家，中国的文化都得以传承下来，从未出现过真正意义上的文化断层。这正是因为家学和师学的不断传承，对官学形成了有效的补充和强化作用，这就确保了文化的连续性和多样性，使得各种思想流派都能在历史长河中留下自己的印记。

因此，我们应当探究全面的教育方式，努力寻求官学、家学、师学的重新融合。唯有如此，我们才能让中华文化在新时代焕发出更加璀璨的光芒。

孔 子

国人精神导师

他是我国古代伟大的思想家、政治家和教育家。他创办私学，首倡"有教无类"，率先打破了"学在官府"的贵族垄断文化格局，提倡在社会各阶层中普及文化教育，形成了中国古代重要的学派——儒家学派。

他的弟子多达3000人，其中贤者有72人，多为各诸侯国的栋梁。他是中国古代教师的光辉典型，被后世尊为"万世师表"，也是中国人的精神导师。

万世师表耀千秋

孔子（前551—前479），名丘，字仲尼，春秋时期鲁国陬邑（今山东省曲阜市）人。他是中国古代伟大的思想家、政治家、教育家，系儒家学派创始人，被后世人尊为"先圣""文宣王""至圣先师""大成至圣文宣先师"等。

孔子开创私人讲学之风，倡导"仁义礼智信"，曾带领部分弟子周游列国达14年，晚年修订《诗》《书》《礼》《乐》《易》《春秋》六经。作为一位伟大的思想家和教育家，孔子被视为国人精神导师，对中国人的精神世界产生了深远的影响。

庭训教诲启后人

说起孔子对后代的教育，就会想起孔子在庭院中对儿子的教训，后世称其为"庭训"，也可以说是"家训"。

《论语》中有这样的记载。孔子的弟子陈亢曾向孔鲤探询："你既是老师的学生,又是他的儿子,是否从老师那里听过与众不同的教诲呢?"孔鲤沉思片刻后坦言,并无特别的教诲,但随后他提及了两次与父亲在庭院中的对话。有一次,他看到父亲站在庭院中,便快步从旁走过。孔子见状叫住他,询问最近是否有好好学习《诗经》。孔鲤回答称最近没怎么学习。于是孔子语重心长地说:"不深入研习《诗经》,便难以言辞妥帖地表达自己。"孔鲤听后深受触动,开始致力于学习《诗经》。过了一段时间,相似的场景再次上演。孔鲤又一次看到父亲在庭院中站立,他再次从旁经过。孔子再次叫住他,这次询问的是关于礼仪的学习。当得知孔鲤在这个领域花的时间不多时,孔子严肃地指出:"不学习礼仪,你的为人处世恐将出现问题啊。"陈亢听完孔鲤的叙述,不禁面露喜色。他感慨地说:"我原本只是问了一个问题,却意外得到了三个宝贵的答案:要勤勉学习《诗经》,要钻研礼仪之道,此外我还领悟到了君子不偏袒自己子女的崇高精神。"

记录孔子生平言行的《论语》一书,共20章,可谓字字珠玑。尽管其内容极为丰富,然而关于孔子对其子孔鲤的教诲,却仅有两处。这不禁令人感到好奇:作为中国历史上最伟大的思想家和教育家,孔子为何在对待自己儿子时,似乎并未展现出特别的教育方式?

要解答这个问题,我们需要从孔子对待一众弟子的态度中寻找线索。据史书记载,孔子门下弟子多达3000人,其中贤者有72人。他对这些弟子一视同仁，不论其出身贵贱、才智高低，都如同对待自己的孩子一般，倾囊相授、悉心教导。这种无私的教育理念在当时无疑是一种革新。

更为令人感动的是，《史记》中有这样一段记载：孔子去世后，被安葬在鲁国城北侧的泗水之畔。他的弟子们怀着无尽的敬意与思念，自发地前来为恩师守孝。3年守孝期满，当弟子们相互道别时，他们内心的悲痛难以抑制，泪如雨下。其中，弟子子贡更是情深义重，他在孔子墓旁筑起小屋，独自守墓长达6年，期满后才在无尽的哀思中缓缓离去。

众多弟子以父母之礼为恩师守孝，这不仅展现了孔子与其弟子之间深厚的师生情谊，也从另一个侧面反映了孔子爱生如子。他没有因为孔鲤是自己的儿子而给予特别的对待，而是将爱倾注在所有弟子身上。这种超越血缘、注重平等与博爱的教育理念，在当时社会引起了很大的反响，也为后世的教育事业树立了典范。

鲁哀公深感孔子之伟大，追封他为"尼父"，以表达自己对这位圣人的无比尊敬。"尼父"不仅是那个时代对孔子的独特称谓，更象征着历代中国人对孔子的深厚敬意与高度认同。

《论语》这部经典之作，详细记载了孔子对其弟子的宝贵教诲。这些教诲蕴含着孔子的智慧，展现了他对天地万物、人生百态的深刻洞察。通过深入研读《论语》，我们得以重新审视孔子的教育之道，也更加深刻地理解这位"中国人精神导师"的思想主张。

行有余力方学文

早在2000多年前，孔子就为我们订立了教育纲要：弟子入则孝，出则悌，谨而信，泛爱众而亲仁，行有余力，则以学文。即一个人在家里要孝顺父母，出门要友爱兄弟，做人要谨慎并讲究信用，要广泛地爱护社会大众，亲近仁德之人，如果做到这些后还有时间、精力，就可以学习文化知识。

孔子提出的这个纲要，其核心是人格的培养。在孔子看来，一个人的人格最重要。如果人格没有奠定好、树立好，知识掌握得再多，也未必是件好事。

有句话说，知识就是力量，然而，这知识往正的方向用是正能量，往负的方向用是负能量，所以健全的人格才是保障。

现在不少家长陷入了一个思维误区，即认为孩子只要学习好，一切问题就都解决了。家长的这种看法显然是错误的。比起学习，人格的培育更重要。所以在《论语》中，孔子不断地对他的学生提出孝、悌、仁等概念，这些都与人格的培育有关。

在当今时代，我们应该重新思考，为什么当年孔子要提出这样的教育纲要。那是因为，若我们没有把握好方向，把所有的焦点都放在知识的学习上而忽略了人格的塑造，那么就会导致学了一堆知识，但是没有建立起人生的基石——人格。

诗礼兼修映内外

除了塑造健全的人格，孔子还提出人才应该建立起正确的思想和行为准则，这一点体现在孔子对学诗与学礼的倡导中。

孔子说："《诗》三百，一言以蔽之，曰：'思无邪。'"即《诗经》能让人的思想变得纯净。

学习诗歌对孩子来说非常重要。诗歌能够帮助孩子建立起内在的准则、遇事的情绪反应，从而影响他的外在行为。

不同的人遇到同样一件事，思考方式与处理方式是不一样的。比如同样是追求心仪的对象，一个男人被拒绝多次后可能就会觉得自己配不上对方，转而放弃。另一个男人则会认为对方是在考验他，选择继续努力。沈从文的恋爱故事也是这样的。他追求自己妻子时，坚持写了几年情书，最后才成功将她迎娶。

遇到同样的事情，之所以不同的人会采取不同的处理方式，是因为他们基于这件事有着不同的判断。通过学诗，人的思想会变得更加纯净，也会更加坚定地以自身的人生准则更好地面对时代的纷扰。

那么，学礼的主要作用是什么呢？孔子说："不学礼，无以立。"礼是当时每个人都须遵循的道德规范和行为守则的总称，是人立身处世的基本要求。学礼不仅是为了学习如何为人处世，更为根本的是要通过学礼激发内心的忠恕之德。因此，不管时代如何变化，学礼、知礼都是生而为人必须做的。

文质彬彬为君子

一个人如果能够拥有健全的人格、良好的思想和行为准则，从内在能力来说他已经十分优秀了。而在对外形象上，孔子说："质胜文则野，文胜质则史，文质彬彬，然后君子。"意思是一个人既要有内在的德行，也要有外在的文饰，要又质朴又文雅，才是比较理想的一种状况。

很多人以为孔子是那种"手无缚鸡之力"的文人，但其实这是对他的误解。

《论语》中记录了这样一件事：在达巷那个地方，很多人说孔子虽然很厉害、很博学，可是好像没有一项特别让人敬佩的专长。孔子听完后就和弟子们说："我没有专长吗？我的专长是骑马、射箭，还是驾驶马车？我觉得驾车可以算是我的专长吧。"

这其实是孔子说的一句玩笑话，但从中反映出他能文能武。

当前的教育特别注重孩子知识的吸收,但是却忽略了孩子身体素质的提高,导致许多孩子的体能越来越差。学校在举行升旗仪式时,一些孩子站个5分钟、10分钟就会头晕、虚脱,问题就出在体能锻炼得太少。

因此,我们在提高孩子文化课成绩的同时,也要注意培养孩子的身体素质,培养出文质彬彬的君子。

教子良策世代传

孩提时代定基础

在《孔子家语》里有这样一则故事:孔子有两个小自己50岁的弟子,名为叔仲会和孔琁。当孔子的其他弟子求教于老师时,这两个年幼的学生,也跟随在孔子身边学习。

见此情景,孟武伯好奇地问:"这两个小孩年龄这么小,现在学这些东西,长大了记得住吗?用得了吗?"孔子回答说:"越小的时候学到的内容,记得就越牢固。"

孔子的这句话,为我们揭示了早期教育的重要性。事实上,中国古代对启蒙教育非常重视,我们从"三岁看大,七岁看老"这一俗语中就可见一斑。

那么,这究竟意味着什么呢?

让我们以建造高楼为例来阐释。如果要建起一栋20层大楼,地基的稳固是至关重要的。浅尝辄止,仅挖一米深的地基显然无法承载起如此高大的建筑。为了保证其屹立不倒,我们必须深挖数米甚至十数米以奠定坚实的地基。

同理,"三岁看大"揭示了在孩子幼年时进行教育的深远影响。这一阶段,孩子的性格开始被塑造,其内在素质和能力基础正在被构建。这些如同高楼的地基一般,决定着孩子未来能够企及的高度。

而"七岁看老"则进一步阐释了早期格局对未来人生的决定性作用。想象一下,地基的框架布局不仅关乎建筑的使用面积,更决定了其整体的功用。同样的,孩子在幼年时期所形成的思维格局、价值取向和行为习惯,也将深刻影响他们未来的人生轨迹。

不同的格局铸就不同的未来,因此在孩子的成长过程中,培养他们宽广的视野和远大的抱负至关重要。格局的树立不仅关乎孩子未来的成就,更深刻影响着他们一生的轨迹。

每个孩子出生时都像一条直线,而我们所提供的教育则是与之相交的另一条直线。这两条直线的交汇点,形成了孩子的人生开度角,这个角度的大小直接决定了他们未来人生的广度和深度。想象一下,如果这个开度角仅仅是45度,那么无论这两条直线延伸多远,这个角度都不会有所改变,孩子的人生视野也将受到限制。

因此,启蒙教育的核心在于拓宽孩子的人生开度角,让他们能够拥抱更广阔的世界。通过精心设计的启蒙活动和教育方法,我们可以激发孩子的好奇心、探索欲和创造力。这样一来，孩子的人生将更加丰富多彩，充满无限可能。

所以，作为父亲，要用心陪伴孩子度过这个宝贵的成长阶段，共同开启他们精彩的人生旅程！

环境差异塑人生

《论语·阳货》中写道："子曰：'性相近也，习相远也。'"如果人的本性都是相近的，那么是什么导致了人们行为的巨大差异呢？孔子认为问题在于成长环境的不同。

虽然孩子的本性都差不多，但到了不同的环境，会受到不同环境的影响。要是处于不好的环境，这个孩子就可能走上歪路，所以要给孩子提供优质的教育环境。

在一次讲座中，我问在座的家长是否记得孩子刚学说话时最先说的几句话。有一个爸爸很快举起手来，他说孩子说的话让自己印象非常深刻，因为他家孩子最先说的话是"和了"。我没反应过来什么"和了"，他说就是打麻将"和了"。这个家长解释道，他的妻子是高龄产妇，一怀孕就在家里养胎，平日里时间较为充裕，妻子听说打麻将可以动手健脑，所以就天天打麻将。这个孩子的胎教从"和了"开始，若后天的教育环境再无改善，那他将来码麻将的速度多半特别快。可见，人在什么样的环境下成长，就会受到什么样的影响。

那么，要为孩子选择什么样的教育环境呢？

"孟母三迁"的故事大家都知道，孟子的母亲为了给孩子选择合适的外部环境，搬了三次家。但是我们可以更加深入地想想，孟母最后把家搬到了学堂边上，周边也有其他人住，为什么偏偏只有孟母培养出了优秀的孟子？

因为环境分为多个层面。

首先是外部环境，也就是孩子住处周边的环境、所在的学校等。

然后是家庭环境，这个家庭环境不是指居住条件，而是指家庭氛围。试想一下，如果父母经常当着孩子面吵架，那么孩子就很难变得阳光、开朗。

最后是家长榜样。家长作为孩子最重要的人，他们的言行举止、他们的情绪状态，将对孩子产生巨大的影响。如果一个家长每天回到家里就唉声叹气，那么他的孩子就很有可能郁郁寡欢。

因此，真正爱孩子，真正想为孩子创设优良的环境，不仅要注重外部环境，还要给予孩子一个温暖的家，并做好榜样，这些才是至关重要的。

各归其位身作则

《论语》中曾记载这样一件事：齐景公向孔子请教如何治

理国家，孔子回答："君君，臣臣，父父，子子。"也就是说，治理国家的关键是君主应恪守君主之道，臣子应恪守臣子之道，父亲应恪守为父之道，儿子应恪守为子之道。齐景公听后深表赞同，并感叹道："确实如此，若是君不像君，臣不像臣，父不像父，子不像子，那么即便粮食满仓，我也无法安心享用啊！"

孔子与齐景公的这番对话的核心思想便是"各归其位"——每个角色都应明确并恪守自己的职责与本分。

然而，在现代教育过程中，我们遗憾地发现了太多错位现象：父亲不像父亲，儿子不像儿子，丈夫不像丈夫，妻子不像妻子。这种错位不仅扰乱了家庭秩序，更对社会造成了深远的影响。

那么，作为父亲，自己应该如何定位呢？《三字经》中明确指出："养不教，父之过。"这意味着养育子女而不加以教导是父亲的失职。

因此，作为父亲，首先要认识到自己的责任所在。有一些父亲秉持着"男主外，女主内"的观念，认为教育孩子是家庭内部事务，自己的主要精力应该放在工作等外部事务上。这种观念实际上是一种误解。

父亲在家庭教育中的角色至关重要，他们的参与和陪伴对孩子的成长和发展具有深远的影响。现实中很多教育问题恰恰是父亲在家庭教育中的缺位所致。

父亲在家庭中的缺位，特别是在家庭教育中的缺位，还可能引发一系列家庭问题。这些问题最终都会反映在孩子的教育上。因此，每位家庭成员都应该认识到自己的责任，各归其位，共同承担起家庭教育的重任。

除了父母要归位，孩子也需要回到自己的位置上去。现在有些父母过于强调民主、宽容和尊重，对孩子凡事依从，这样的做法并不恰当。这会让孩子形成以自我为中心的意识，其进入社会后可能会处处碰壁。因此，父母需要建立权威感，给孩子制订明确的规则。

曾经有这样一个发人深省的案例：一位母亲在孩子年幼时对其极为纵容，几乎有求必应。当孩子升入初中，提出想要玩电脑游戏时，这位母亲便毫不犹豫地为他购置了电脑。然而，随着孩子对游戏的逐渐沉迷，母亲开始感到担忧，并试图通过拔掉网线，甚至砸掉电脑等极端手段来阻止他继续玩游戏。

面对母亲的突然转变和严厉措施，孩子感到无法接受，竟然以跳楼相威胁。最终，每次母亲下班回家，这个孩子都会故意将门顶住，拒绝她进入自己的房间。这一系列的行为问题，究其根源，都在于母亲早期的过度宠爱和未能建立起必要的权威感。

这个案例也深刻地警示我们，作为父母，在教育孩子的过程中一定要把握好分寸，既要给予关爱和支持，又要注重引导和规范。父母应该明确自己的角色定位,既要成为孩子成长道路上的引路人,又要成为他们行为规范的制订者和监督者。

只有这样,才能避免孩子因缺乏约束而走向极端,确保他们在健康、和谐的家庭环境中茁壮成长。

因材施教宜久长

天赋潜质须了解

《论语·先进》中记载了一个非常有趣的故事：孔子的弟子子路是个非常有勇气、有冲劲的人。子路问孔子："有人说一件事可以做，我是不是马上就去做？"孔子说："你有父亲、兄长，怎么可以马上做呢？你应该问下他们再决定。"过了一段时间，冉有也问了同样一个问题。这时孔子就说："你想到了就马上去做吧。"刚好，这两次对话公西华都在场，于是他很困惑地问老师："同样的问题，为什么您的回答不一样。"

孔子告诉他："冉有这个人容易退缩，凡事考虑得太多，所以他问我，我就推他一把，让他马上去做。但是子路比较莽撞，做事欠考虑，所以我要拉他一下，不能让他马上去做。"

由此，我们可以用4个字形容孔子的教育，那就是"因材施教"。孔子的3000名弟子中，有当官的，有世家子弟，也有普通的老百姓。孔子教育学生时，会根据他们性格、资质、背景的不同，给予不同的教诲。

同样，我们在教育孩子时，也可以学习孔子的这种方法。想要孩子通过教育有所成长、有所收获，我们就必须先了解孩子的天赋、性格、兴趣、志向，了解完之后再采取相应的教育措施。

很多家长凭着自己的想象和对孩子未来的期许，觉得现在互联网技术行业火就让孩子选互联网技术行业，却没有考虑孩子的想法。可能这个孩子本想学医，觉得人生最大的乐趣就在于治病救人。如果逼着他学互联网技术，他可能一辈子都过得不快乐。因材施教才能激发孩子的潜力，让他们收获满足与快乐。

那么，怎样因材施教呢？我们首先要知道一个教育理论——多元智能理论，这是美国学者霍华德·加德纳①教授提出的。

多元智能理论深入揭示了人类智能的丰富多样，它包含八大核心智能：

首先是言语语言智能，它指的是人们掌握和灵活运用语言，并通过词语和句子表达复杂意义的能力。

其次是数理逻辑智能，它体现了人们对逻辑关系和推理思维的理解，通过逻辑推理解决问题。

---

① 霍华德·加德纳：美国著名教育心理学家，其最为人所知的成就是"多元智能理论"，被誉为"多元智能理论之父"。

三是视觉空间智能,关注人们对色彩、形状和空间位置的感知与表达,具备三维空间思维能力。

四是音乐韵律智能,强调人们对音乐的感受、辨别和表达能力,体现为对环境中的非言语声音敏感。

五是身体运动智能,涉及身体协调、平衡及运动技能,通过身体交流和物体操作解决问题。

六是人际沟通智能,反映了人们对他人情感和动作的敏感程度,以及有效的人际交往能力。

七是自我认识智能,是关于个体对自身感觉和情绪的认知,以及自我引导和决策的能力。

八是自然观察智能,它强调人们对自然形态的观察、分类,以及洞察自然系统的能力。

这些智能相互交织,共同描绘了人类复杂而全面的智能图景。每一项都代表着人类在不同领域的认知和能力,且这些认知和能力在不同的人身上可能有着不同的发展轨迹和强度。

作为父母,我们要做的就是发现孩子与生俱来的智能,再根据他所具备的特质,创造良好的环境,让孩子拥有一个美好的未来。

好之不如乐之者

除着重强调因材施教,即针对每个人的天赋和兴趣进行个性化的教育之外，《论语》中还深刻指出："知之者不如好之者，好之者不如乐之者。"这句话寓意深远，它告诉我们，对于知识和技能的掌握，仅仅"知道"是远远不够的，更重要的是要"喜欢"并进而"享受"其中的过程。

可以说，孔子对人性的把握非常准确。他明白在学习上，一个了解所学内容的人，不如喜爱它的人；喜爱它的人，又不如以此为乐的人。

家长都希望孩子能够认真学习，却从没想过孩子能否从学习中获得乐趣。如果家长只是一味地要求孩子好好学习，却从来没有帮助孩子发现学习的乐趣，那么最终必然无法获得良好的学习效果。

纵观现在整个教育环境，我们会发现孩子普遍缺乏学习的乐趣。每年高考结束后，不少毕业生的狂欢方式就是撕书。如果一个孩子对书本的态度像仇人一样，何谈从学习中获得乐趣？他上大学后会好好学习吗？进入社会后他还会坚持终身学习吗？

教育孩子的目标之一，应该是帮助孩子建立起对知识的喜爱与追求。但是现在很多孩子压根不知道为什么学习，怎么会有学习的动力呢？更别提帮他们建立起对知识的喜爱与追求了。

许多人都是很早就找到自己人生的目标了。比如孔子，他在15岁时，就确立了人生目标——做学问。在现代，也有这样早早确立人生目标的人。蔡志忠①在一个节目访谈中谈起自己寻找人生目标的过程。

他说他在自己3岁时,花了整整1年的时间来想自己未来要做什么事,要成为怎样的人。4岁时他就想明白了,他要做漫画家,要画一辈子漫画。他从一开始就树立了自己的人生目标,一生都在努力朝那个目标前进。

现在很多孩子做事都是走一步看一步,根本没有为了目标而努力的决心。

很多家长通过威逼利诱的方式让孩子学习,要么威胁孩子如果不学习就把孩子赶出去,要么利诱孩子考到一定的分数就给予物质奖励。其实,孩子就像一台车,他有自己的发动机。如果这台车趴着不动,推或拉都解决不了问题,那么当下关键是找到发动机的钥匙。只有发动机启动起来,这车才会奔驰向前。

何为钥匙?梦想目标也。

欲速不达心宜宽

子夏做了莒父的邑宰,向孔子求教为政之道。孔子回答道:"无欲速,无见小利。欲速,则不达;见小利,则大事不成。"

---

① 蔡志忠:著名漫画家,出生于我国台湾地区。15岁时便成为职业漫画家,他的100多部作品在30多个国家和地区出版,销量超过3000万册。

这句话如同一盏明灯，不仅照亮了子夏的人生之路，也指引世人于纷繁复杂的世界中稳步前行。

在当下这个快节奏的时代，人们往往希望能迅速看到成果。无论是在教育还是在其他领域，都渴望能够获得立竿见影的效果。然而，孔子的教诲却提醒我们，过于追求速度往往会适得其反，而过分看重眼前的小利益，则可能会让我们错失真正的收获。

孔子所强调的"无欲速"，并非要我们有所拖延或懈怠，而是要我们保持内心的平和，不被焦虑驱使。只有当我们放下对速度的执念，专注于事情的本质和过程，才能够真正取得长足的进步。

同时，"无见小利"也是孔子智慧的重要体现。在日常生活中，我们很容易被眼前的小利益诱惑，而忽视了长远的规划和目标。然而，孔子告诉我们，只有放眼未来，不为小利所困，才能够在人生的道路上取得更大的成就。

孔子本人无疑是这个准则的最佳诠释者。在那个风起云涌的时代，他深信民众的福祉是社会发展的根本，而礼仪与道德则是维护社会秩序的坚固基石。于是他怀揣着一颗仁爱之心，四处游说，积极推广自己的王道政治理念，期望各国君主能够采纳并实施。然而，当时的社会主流却与他的理念背道而驰，崇尚武力和霸权的霸道思想盛行。

尽管如此，孔子并未动摇自己的信仰。他坚守着仁爱之道，不为权势和名利所诱惑，以坚定的意志，持续不断地宣扬和实践自己的理念。他的这种坚守和执着，正是对"无欲速，无见小利"的最佳诠释和践行。孔子用自己的行动向世界证明，真正的智慧并不在于追求眼前的利益，而在于坚守内心的信仰和追求天下苍生的福祉。

尽管在孔子生活的时代，他的理念并未立即得到广泛的认同和实施，但历史最终证明了他的伟大。几千年来，孔子的思想已经根植于中华民族的文化之中，成为我们民族精神的瑰宝。无论是在道德建设、社会治理还是个人修养方面，孔子的智慧都为我们提供了深刻的启示和宝贵的指导。

今天，在"如何为父""如何教子"上，我们仍应不忘圣贤智慧，将其谨记于心、落实于行。

然而，反观现今的教育，我们不禁感到惋惜。许多家长过于追求速成的结果，鲜少深入思考究竟怎样的教育方向和方式，才能为孩子的一生奠定坚实基础。我们应当汲取前人的智慧，重新审视和调整自身的家庭教育。"欲速，则不达；见小利，则大事不成"，只有那些真正具有智慧，并能够引领孩子成长的父母，才能培养出具备健全人格和卓越能力的国之栋梁。

翻阅历史长卷，我们不难发现一个共同的特质：从古至今，伟大人物的父母所施行的教育，绝非短视的、局限于眼前小利的教育，而是高瞻远瞩的、关乎国家民族大义的教育。这种教育超越了个人的小名小利,致力于培养利国利民、造福天下的杰出人才。

反观我们现今的教育目标,往往局限于为孩子谋求一份好工作、获取更高的薪水,而忽略了应该教育他们为社会、为国家、为世界创造价值。

我们常说"心有多大,舞台就有多大",但为何有些孩子的舞台总是那么狭小呢?因为他们的"心"太小了,他们过于关注个人的得失,只关心工作是否轻松、待遇是否优厚,却未曾思考过如何为集体、为社会、为国家创造更大的价值。

"欲速不达心宜宽"。如果我们能转变教育观念,致力于将孩子培养成利他型人格,那么他们的格局和视野将会得到极大的拓展。一旦这种利他的精神内核得以建立,我们便无须担心孩子未来的舞台大小,因为他们将会以更加宽广的胸怀去拥抱这个世界。

《钱氏家训》中的一句话深得我心:"利在一时,固谋也;利在万世者,更谋之。"这句话告诉我们,追求一时的利益固然重要,但更为可贵的是放眼未来、为子孙后代谋福祉的情怀与气魄。

为人父母者,还请切记。

后记
Afterword

10位父亲,从历史中走来,又悄然离去。

他们如同一部部厚重的历史长卷,诉说着各自的传奇与智慧,为后世子孙留下了一笔笔宝贵的人生财富。

这些父亲们,或刚毅,或温良,或严厉,或柔情……然而,无论性格如何迥异,他们都诠释了父爱的深沉与伟大。

他们或挥毫疾书,留下人生的经验与智慧;或身体力行,传递生活的态度与准则;或策马驰骋,展现生命的勇敢与坚韧……

在孩子的成长路上,他们从未缺席,而是一路引导孩子,最终成为指引其人生方向的灯塔,同时也照见了世间万千父亲的爱子之心。

尽管这些父亲已经远去,但他们的风范却永远镌刻在后人心中。

让我们铭记他们的教诲,传承他们的智慧,为孩子们的成长之路点亮更多的明灯。